Alexander
Fest
Verlag

MARTIN Z. SCHRÖDER

ALLGEMEINE GESCHÄFTSBEDINGUNGEN

Roman

Alexander Fest Verlag

Guter Gott! Da will die Eule die jungen Adler
aus dem Neste jagen, will ihnen den Weg zur Sonne weisen.
Hyperion, Friedrich Hölderlin

Ähnlichkeiten mit dem Sosein wirklicher Personen
sind bloß subjektive Wahrnehmung.
Ehrlich!

VORWORT

Vorwörter zu schreiben ist nicht mehr zeitgemäß. Aber Altmodischsein hat etwas Anheimelndes, Bratapfelhaftes.

Mein Verleger, Alexander Fest, fragte mich eines Tages: »Warum wollen Sie ausgerechnet darüber einen Roman schreiben?«

»Aus Wut«, gab ich zurück.

»Gutes Motiv«, sagte er.

Während des Schreibens mußte ich mich auf die einzelnen Figuren konzentrieren, die durch den Roman gehen. Dabei verrauchte die Wut, ja plötzlich wuchs in mir Verständnis noch für die befremdlichsten Charaktere. Sobald ich sie einseitig zeichnete, schienen sie mit dem Finger auf mich zu zeigen und zu sagen: He, Schlawiner, weißt genau, daß wir so nicht sind.

Daß sich die Verhältnisse trotzdem abbilden, merke ich daran, daß ich jetzt, wo ich in die Geschichte nicht mehr eingreifen kann, schon wieder ein bißchen wütend werde – auf die Verhältnisse.

Herbst 2001 Der Verfasser

1. KAPITEL

»Könnte ich vielleicht eine Zigarette haben? Bitte?«

Savio ist höflich. Savio guckt den Mann von unten herauf an und zeigt blanke weiße Beißerchen. Ein geschmeidiger Schnorrer, ein kleiner Bursche mit hellbrauner Haut und dunkel gelockt. Er klemmt sich die Zigarette hinters Ohr und geht hinüber zum Kaufhaus. Milutin hat ein weißes Adidas-Shirt bestellt, Jenny braucht eine Jacke. Eine von den mit Daunen gefüllten, in Schwarz. Milu zahlt den halben Verkaufspreis; wie er Jenny abkassiert, weiß er noch nicht. Naturalien kriegt er auch gratis von ihr. Zuerst das edle Shirt, als Fingerübung.

Aus der Tristesse eines Januartages kommt man wie auf einen heißen, erlahmten Ball. Gedudel dringt aus Lautsprechern in die mit Waren und Menschen vollgestopften Hallen. Am Eingang unter der Heißluftdusche reißen Männer dunkle Bundjacken, Frauen farbige Kutten auf. Aus den Kapuzen quellen Plusterfrisuren. Obdachlose wärmen sich bei einem Rundgang, wenn sie an den Kontrollblicken der Sicherheitsleute vorbeigelangt sind. Tragen sie ein Hemd am Leib, so ist der oberste Knopf geschlossen.

Savio gleitet mit der Rolltreppe zwischen bummelnden Ehepaaren und Müttern mit gierigen Kindern in die Sportabteilung und paßt auf, daß keine der Überwachungskameras ihn von vorn zu fassen kriegt. Er senkt den Kopf, wickelt einen Kaugummi aus. Detektive kennen den Blick von Leuten, die was »klarmachen« wollen. Haps. Er greift ein blaues Shirt aus dem Regal, schlendert Richtung Kabine. Im Vorbeigehen nimmt er von einem Ständer zwei der weißglänzenden von Adidas, die sein Freund Milutin so schätzt. In der Kabine zottelt er ein weißes vom Bügel und stopft es in den Rucksack. Er wartet ein bißchen, guckt in den Spiegel und zwinkert sich zu: Die breiten Wangenknochen und das spitze Kinn lassen sein Gesicht dreieckig wirken. Dann geht er mit den anderen beiden Teilen, dem weißen und dem blauen, raus und hängt sie zurück. Spaziert herum, begrabbelt paar Sachen, legt sie wieder hin.

In der Abteilung für Junge Mode sucht Savio die Plusterjacke für Jenny aus, begibt sich damit zügig zur Rolltreppe. Zwischen den Etagen läßt er die Jacke in einer aus dem Rucksack gezogenen Karstadt-Tüte verschwinden. Dann, in der Herrenabteilung, geht er mit einer Alibi-Hose in eine Kabine, wo er die elektronische Sicherung aus dem Jackenfutter schneidet. Schon plumpst das Ding in den Papierkorb. Er tut Raschelpapier drauf, damit man es nicht gleich sieht. Ob man das später findet – egal. Diebstähle sind in den Kaufhauspreisen inklusive, und jeder Angestellte rechnet damit. Die klauen doch sowieso am meisten, denkt Savio.

Er hängt die Hose ins Regal zurück und verläßt das Kaufhaus, ungehindert von Alarmtechnik und Wächter. Stehlen regt ihn kaum noch auf, es wird schon so langweilig wie einkaufen. Draußen fegt ihm der Wind ins Haar, und er zieht die Kapuze über. Schaufenster, Autolichter, Laternen glänzen feucht in die frühe Dämmerung. Tsch-ck-thju-tsch-ck-thju. Savio macht ein bißchen Musik mit dem Mund. Die

Luft sticht, es wird regnen und riecht schon fast nach Schnee, aber vielleicht täuscht sich Savio mit dem Schnee.

SIMITA KUSZCZ hat den Fernseher ausgeschaltet und das Fenster geöffnet, lauscht in den kalten Nachmittag. Einundzwanzig, zweiundzwanzig, dreiundzwanzig. Wenn man die Sekunden so zählt, muß man die Wörter zügig sprechen, sonst braucht man zwei Sekunden für eine. Ein Trugschluß wäre das, den sie sich immer wieder vor Augen führt, seit er ihr als Schulkind erstmals aufgefallen ist. Nach der Fünfundzwanzig hört sie das Grollen. Fünf Kilometer von der Lenaustraße in Neukölln entfernt brodelt das Gewitter, aus dem die Pfeile abgeschossen werden, weiße Zacken schlagend unter den schwarzblauen Wolken. Als ob ein Riese Eisenkugeln über eine holprige Bahn schöbe, so dröhnt der Donner, und am Rande scheinen Elektrogeister mit höheren Stimmen weich übereinanderzupurzeln. Es muß schön aussehen, wie das Sonnenlicht rot über die Wolken fließt.

Erste große Tropfen schlagen vor dem Fenster auf, die sich zeitgleich mit der elektrischen Entladung vor fünf Sekunden gelöst haben mochten. Rasch werden es mehr. Eine Weile rauscht es nur, bis das Wasser vom Dach abzulaufen beginnt, es sammelt sich in der Rinne, aber statt zum Fallrohr zu fließen, stürzt es nach unten. Ein Maurer hatte sich an der Wand abgeseilt, um losen Putz herunterzuklopfen, und das über die brüchige Rinne laufende Seil hatte eine Kerbe gerissen.

Simita erschrak, als der Mann plötzlich vor ihrem Fenster in seiner Schlinge saß und einen Schatten in die Stube warf. Sie stellte sich hinter die Gardinen, ohne sie zu berühren.

Der Mann saß vielleicht einen Meter entfernt vor ihr und konnte sie nicht sehen. Sie genoß es, ihn ungestört betrachten zu können. Er war jung und hatte breite Schultern und trug einen hellgrauen Overall, aber schon fuhr er abwärts. Sie war enttäuscht über sein schütteres Haar, ihre aufkommenden zärtlichen Gedanken kühlten ab, und sie vergaß ihn.

Jetzt verzieht sich die Front zwischen warmen und kalten Wirbeln, der Donner klingt nur noch von fern. Geblieben ist der Regen. Simita reibt sich die Finger. Sie schließt das Fenster und geht zurück zu ihrem Platz.

Seit vielen Jahren, abgesehen von gelegentlicher Arbeitstätigkeit und den Besorgungen im Haushalt, sitzt sie auf dem kleinen roten Ledersofa im weinrot ausgelegten Wohnzimmer, heute angetan mit einem rosa Wollpullover, von abstehenden weichen Fäden umfächelt, und engen Bluejeans. Die Füße stecken in riesigen braunen Flauschpantoffeln in Form eines halben Gesichts: auf der Knollnase eine Sonnenbrille und darunter ein Mund, aus dem eine Zigarette ragt.

Die Pantoffeln sind ein Geschenk von Savio, ihrem Enkel, der gerade nicht zu Hause ist. Wo mag er sein, überlegt Simita. Schon lange sagt er nicht mehr, wohin er geht, und Simita fragt nicht. Sie möchte es ordentlich haben und schiebt den Gedanken an unordentliche Ausflüge des Jungen von sich.

ORANGEGRAUES LICHT hängt in kahlen Büschen und Bäumen. Das aus westlicher Richtung über die Stadt ziehende Gewitter ist noch nicht zu hören. Der im Verschwinden begriffenen Sonne blieb keine Zeit, den Flecken Erde wärmend zu umgreifen. Schwach leuchtet sie auf die Fenster der Kästen aus Beton, die das Licht nach unten weitergeben. Die Spiegelungen lassen die feuchte Luft schimmern. Alles ist in Pastelltöne getaucht.

Nicole und Svend, Beamte der Einsatzbereitschaft der Kriminalpolizei, suchen in dem Neubaugebiet eine Adresse. Der erste Einsatz ihrer Schicht hat sie am Nachmittag in eines jener Berliner Viertel geführt, in dem Straßennamen ganze Planquadrate bezeichnen. Besuch von Fremden ist nicht vorgesehen. Svend fährt, vor sich hin schimpfend, auf engen Fußwegen dichter an die Häuser heran und lenkt den Wagen fast in einen Sandkasten, auf den sich Dunst legt, ein Nebel aus Tausenden Tropfen, der die Erinnerung an Sommertage überzieht. Per Funk kann niemand bei der Suche helfen, und auch eine alte Frau, dick von den Schichten mehrerer Röcke und Strickjacken, ihren Einkauf wiegenden Schritts nach Hause schleppend, kennt die Hausnummer nicht. Sie bleibt noch einige Sekunden stehen und schaut dem Auto hinterher, bevor sie sich mit dem Gleichmut des Alters wieder in Bewegung setzt.

In Momenten wie diesen meint Svend, das Verrinnen von Lebenszeit fast körperlich zu spüren, und ärgert sich. Auf dem Lenkrad liegend, guckt er angestrengt durch die Windschutzscheibe, die Stirn gekraust. Da entdeckt Nicole einen weiß-grünen Streifenwagen, und der Polizist, der die Gespräche über Funk verfolgt hat, zeigt auf das Haus, sie stehen fast davor.

Nicole schnüffelt laut, als sie an dem uniformierten Kollegen im Hausflur vorbeigehen. Sie fragt ihn, ob es in der Wohnung oben sehr stinke. Der Streifenpolizist zuckt mit den Schultern. Die Feuerwehrleute hätten das Fenster aufgerissen, zwei Stunden stehe es nun schon offen. Nicole und Svend steigen die Treppen hoch, nur drei flache Etagen, und ein zweiter Grünling schließt, den Kopf abwendend, die Wohnungstür auf.

»Er liegt am Fenster«, erklärt er, »wir mußten ihn umdrehen, die Ärztin wollte es so.«

»Dafür seid ihr doch gar nicht zuständig.« Nicole guckt den Kollegen ein bißchen streng an. »Und den Tod hätte die Dame bei dem Gestank auch an der Haustür feststellen können.«

»Wir wollten ja auch nicht. Ich fasse so was eigentlich nicht an. Aber die hat im Revier angerufen, und Chef hat Weisung gegeben.«

»Unmöglich«, empört sich Nicole. Sie und ihre Kollegen bekommen nämlich fünfzehn Mark Zulage, wenn sie eine derart verweste Leiche untersuchen. Sie selbst macht sich nicht die Mühe, dieses Geld zu beantragen, weil sie jedesmal ein Formular ausfüllen müßte. Aber von den uniformierten Kollegen wird es als Routineleistung verlangt? Ungerecht ist das.

Ein starker Geruch schlägt ihnen entgegen, als Svend und Nicole in die Wohnung eintreten. Es riecht nicht stechend, dazu ziehen die Dünste zu breit und schwer, aber mit einer widerlichen Penetranz. Diesem Gestank ist eigen, sich sogleich festzukrallen – erst in der Kleidung, dann im Gedächtnis. Noch tagelang möchte man sich die Nase auswaschen, möglichst bis in die Stirn.

Von der Diele geht es geradeaus ins Bad, nach links ins Wohnzimmer. Unter dem weit aufstehenden Einflügel-Fenster liegt ein Körper, halb rücklings. Die linke Schulter lehnt an der Heizung, der Arm ruht abgeknickt auf der

Brust. Ein roter Pullover wurde bis knapp über die Brustwarzen hinaufgezogen, die verwaschenen grünen Jogginghosen hat man heruntergestreift. Die Beine ragen in die Küche, unter einem Vorhang aus bunten Plastbändern hindurch, die jetzt sacht im Luftzug schwingen. Der nach oben gereckte Kopf ist schwarz und aufgedunsen, auch der Hals. Die braunen Haare wirken hell. Am Mund bewegt sich etwas, glitzert. Die Lippen stehen nach außen und erinnern an einen aufgesperrten Schnabel, die obere Lippe ist hochgestülpt, die Unterlippe klafft nach unten auf. Schwach zu erkennen sind braune Zähne. Dazwischen platzen dunkle Bläschen hervor, blubbern leise und moorig: Der Leib arbeitet. Auf dem glatten, gewölbten Bauch pellt sich die dünne weiße Oberhaut wie nach einem Sonnenbrand, darunter hat der Körper rötlich-gelbliche Flecken auf pergamentgrauem Grund. Die lila Unterhose schneidet in die geblähte Gestalt. Manche unregelmäßig ovale Stellen treten aus der Fläche, wie Narben. Die Totenflecken.

»Ich seh noch gar keine Maden«, sagt Nicole, die sich breitbeinig über den Toten gebeugt hat.

Svend nestelt Latexhandschuhe aus der Packung und guckt unwirsch. Er ist noch nicht so lange dabei wie Nicole, die zwei Dienstgrade mehr hat.

Seit sieben Tagen liegt der Leichnam im gutgeheizten Raum; jetzt strömen Kühle und Licht durchs Fenster, mit ihnen das Wispern des entfernten Hauptstraßenverkehrs. Die Arme und Beine des Mannes wirken noch menschlich. Zwar sehen sie wächsern aus, aber die Konturen sind unverändert, die Glieder nicht aufgedunsen, nur schlaff und still.

Svend überlegt, ob er jetzt einen Kaugummi kauen soll. Nur wenn er an Übelkeit denkt, könnte ihm übel werden.

Oder wenn er sich ein warmes Mittagessen vorstellt. Dicke Linsensuppe mit Speck. Die durchs Fenster strömende kalte Luft könnte zum Durchatmen verführen, dann würde der in Kälte gehüllte Leichendunst tief in die Lunge dringen. Man könnte sich hineinsteigern in solche Spiele. Muß nur den Absprung schaffen, bevor der Körper reagiert. Der Gestank läßt sich ertragen, jetzt, nachdem stundenlang die Fenster geöffnet sind. Svend denkt an die jungen Medizi-ner, die im Vorspann zu »Quincy« bei der Obduktion umfallen. Es ist aber doch kein Mensch mehr, was da liegt, bloß faules Fleisch. Die Umgebung dagegen könnte einen erschüttern.

Auf einem Schränkchen liegt ein Buch auf dem Gesicht.

»Guck mal, ein Buch über Fleischverarbeitung«, sagt Svend.

Nicole hat sich aufgerichtet und bindet mit einem Zopfgummi ihr blondes Haar im Nacken zusammen. Auch sie zerrt Handschuhe über die Finger. Das gespannte Latex klatscht auf den Handrücken. »Die Gebrauchsanweisung hat uns noch keiner dagelassen.«

»Daß der Fleischer war? Sieht eher nach Stasi aus. Typische Stasiwohnung.«

»Stimmt«, versetzt Nicole und betrachtet die Einrichtung. Das quadratische Wohnzimmer, niedrig, Neubau aus Platten, ist mit wenigen Möbeln vollgestellt: eine orange melierte Couch, zwei Sessel, die Polster abgewetzt. Auf dem Tischlein steht ein Medizinfläschchen, daneben liegen eine offene Brieftasche und der herausgezogene Personalausweis, außerdem ein paar Zettel. Gegenüber ein Kleiderschrank aus Preßspanbrettern.

»Wieso steht der Schrank nicht an der Wand?« fragt

Svend. Er ist dreißig Zentimeter weit in den Raum vorgerückt.

»Hab ich schon öfter gesehen«, erwidert Nicole, »manche Leute machen das, damit sie dahinter wischen können.«

»Bekloppt.«

»Ja, aber guck dir mal die Teller hier an.«

»Noch bekloppter.«

An der Wand, etwas über Augenhöhe, hängen in Abständen einer Daumen-Zeigefinger-Spanne zehn Kupferteller mit der Rückseite nach vorn. Neben der Tür steht das Bett mit einem Nachtschränkchen. Die Nachttischlampe brennt und beleuchtet ein Puppenkleid. Ein Erinnerungsstück vielleicht, das nun wertlos geworden ist.

Nicole sucht in der Küche, Schubladen öffnend, eine Schere. Svend zieht den Pullover straff, und Nicole zerschneidet ihn. Das geht einfacher, als ihn dem dick gewordenen Leichnam über den Kopf zu zerren. Die Brust ist schwarz.

»Los, drehen wir ihn um.«

Als der Tote auf dem Bauch liegt, fließt aus seinem Mund dunkle Flüssigkeit fadenbildend auf den Teppichboden. In der Taille glänzt rohes Fleisch, da muß er an der Heizung gelegen haben. Nicole tastet den Hinterkopf ab und sucht nach Wunden. Würgemale wären nicht mehr erkennbar am schwarzen Hals. Aber auf Würgetod gäbe es andere Hinweise – die Augen kommen noch dran. Man kann nun auch auf dem Rücken die Grenze sehen zwischen schwarzem und weißem Fleisch. Sie zieht sich schräg über den Körper, von rechts oben nach links unten, wie ein Ordensband.

»Typisch Herzinfarkt«, schlußfolgert Nicole.

»Paßt doch. Das Zeug auf dem Tisch ist ein Herzmittel.«

»Komm, Mister«, sagt Nicole aufmunternd zu dem Toten, und sie wälzen ihn wieder auf den Rücken. »Und nun die Hose. Zier dich nicht, ist Männersache.«

»Ich hab das noch nicht so oft gemacht.« Svend hockt über den Beinen des Toten und hat Mühe, die lila Unterhose herunterzukriegen. Seine Hände dürfen keine Distanz wahren, er muß zugreifen. Der Hodensack sieht aus wie ein schlaff aufgeblasener Ballon, nicht prall, etwas gelblich, bis auf die Größe gar nicht unnatürlich. Der kleine Penis hebt sich kaum davon ab, er liegt eingebettet in einer Falte. Ein heller Haarflaum gibt dem Anblick einen zarten Schein. »Was ist das für eine Flüssigkeit? Samen?«

»Fließt beim Sterben aus. Kommt öfter vor.« Nicole macht Notizen in einen Block. »Hat er eingekotet?«

»Dem Geruch nach: ja.«

»Ich hab da so 'nen Buckel gesehen eben.«

Svend zottelt die Hose noch weiter herunter. Er würde seine Nase gern verschließen und macht ersatzweise den Rücken steif und zieht den Kopf nach hinten, die Augenbrauen hoch und die Mundwinkel herab. Er bestätigt. Und zottelt die Hose wieder hinauf, so gut es geht – eine mitleidige Geste, die ihm mehr bedeutet als dem Toten.

Dann zerren sie die Ärmel des Pullovers nach oben und suchen die Armbeugen nach Einstichen ab. Am Oberarm ist der Leichnam tätowiert, aber die Zeichnung ist blaß und durch Flecken undeutlich geworden.

»Gib mir doch mal ein Handtuch aus der Küche.« Nicole kniet vor dem Kopf des Mannes, und mit dem Geschirrtuch zieht sie seine Augen auseinander. Unter den schwarzen Lidern ist das Fleisch von einem kalten Rot. »An der Bindehaut seh ich nichts«, sagt Nicole.

»Daß der von alleine umgefallen ist, hätte doch diese Ärztin auch feststellen können, bei dem Farbmuster.«

»Das machen die nicht mehr.«

»Wie!«

Nicole erklärt, daß der Notarzt der Feuerwehr auf dem Totenschein grundsätzlich »Todesursache unbekannt« ankreuzt, seit es einmal Ärger gegeben hat. Ein Arzt hatte Herzversagen festgestellt, und als die Bestatter die Leiche einladen wollten, fiel ihr das Messer aus dem Rücken.

Svend öffnet die Schränke. Hinter den militärisch korrekt gelegten Hemden im oberen Fach findet er eine Art Rohr aus rotem Kunststoff mit abgerundetem Ende, es hat in regelmäßigen Abständen Verdickungen und am anderen Ende eine Drahtschlinge. »Guck mal. Möchte man nicht wissen, was er damit gemacht hat«, sagt Svend und legt das Ding mit spitzen Fingern zurück.

»Genau das wird's wohl gewesen sein«, antwortet Nicole.

Sie werfen die Latexhandschuhe in den Müll, waschen sich die Hände und benutzen ein frisches Handtuch aus dem Regal im Bad. Bevor Nicole die Tür hinter sich schließt, knipst sie die Nachttischlampe aus.

DER REGEN MACHT PAUSE, und Savio ist mit Milutin unterwegs. Milu hat sein Adidas-Shirt bezahlt, und sie spazieren ein wenig herum. Tappen die sich zum Hermannplatz neigende Hermannstraße hinunter, am Jacobi-Kirchhof vorbei. Kecke Kinder pieken übriggebliebene Böller in Hundekacke und laufen ein Stück weg, eine rothaarige Frau lacht schrill. Dann kramt sie einen bunten Fotoapparat aus der Tasche und knipst die Kinder.

Am Hermannplatz verknotet und löst sich der Verkehr

aus sechs großen Straßen. Nach jeder Grünschaltung der Ampel braust der Lärm auf: Busse jaulen, Müllautos kreischen, Lastkraftwagen brummen. Aus manchen Personenautos dröhnt Musik. Dann wieder quietschen und ächzen die Bremsen, brausen die Motoren von der anderen Seite heran. Gruppen von Fußgängern gelangen auf die große Verkehrsinsel, eilen entweder darüber hinweg oder biegen in den U-Bahnschacht. Eine schicke junge Frau im Kostüm, einen Koffer auf Rädern an der Hand, sieht nach Stewardeß aus; Türkinnen stecken in langen Kleidern und Mänteln; alte Männer mit weißen Dreitagebärten tragen karierte Jacketts. Araber mit glänzendem schwarzen Haar im Fassonschnitt; Schwarze mit schweren goldenen Ketten; junge Leute, dünn wirkend in ihren gepolsterten Jacken und schlotternden Hosen. Ein Junge mit einem Schlüsselbund am Band um den Hals hat auf dem Steinkasten, in dem ein Bäumchen steht, gebrauchtes Spielzeug auf einer Decke ausgebreitet. Er hüpft ein bißchen auf der Stelle. Eine Frau kaut Bratwurst und guckt ihm zu. Steingraue Tauben picken, sortieren Krümel aus Zigarettenkippen. Ein krummer Mann trägt einen Vogelbauer im Stoffbeutel.

Um den Platz herum kein Haus ohne Geschäft. Die westliche Seite wird in breiter Glasfront vom Kaufhaus eingenommen, die östliche: Apotheke, Damen-Moden, Bier-Punkt, Wirtschaftsberatung, Grieneisen Bestattungen, Anzeigenagentur, Reisebüro, Drogerie, Bank, Telefon-Shop, Jeans, McDonald's. Zwischen den Passanten hindurch rollen zwei türkische Jugendliche auf einem Fahrrad, einer hockt auf dem Gepäckträger. Obdachlose Trinker wanken über den Platz, lassen sich auf eine Bank fallen, sind gekleidet wie schmutzige Clowns, starren vor sich hin, kratzen sich im verfilzten Haar, wischen über zahnlosen Mund. Junge türkische Väter mit Kindern auf dem Arm scheinen zu lustwandeln, so langsam gehen sie und unterhalten sich und lachen. Schulmädchen wackeln in die Gegenrichtung, sie tragen hautenge rote oder schwarze Hosen mit Schlag und klobige Schuhe.

»Steigen wir U-Bahn?« fragt Milu in gekünstelt gebrochenem Deutsch, das als Türkendeutsch in Mode ist.

»Ja, klar. Übrigens, hab ich dir schon erzählt, wie ich letzte Woche einen Computer rausgeschleppt hab?«

Milutin läßt ein bewunderndes und aufforderndes Grunzen aus seinem Mund.

»Kannste nicht im großen Laden machen wegen Absperrgittern und Kamera. Also bin ich in eine Klitsche nach Frohnau. Bin rein, voll der geschäftsmäßige Gang, nicht schnell, aber zügig und very busy, mit 'nem leeren Karton. Lage gecheckt, die hatten die Bude dicht mit Leuten, auch paar Business-Typen, die sich fett aufspielten, also die Verkäufer hatten voll zu tun. Hab dann hinten aus dem Regal den Computer genommen und in den Karton gepackt und bin raus, Karton ins Auto und grazie di tutto e arrivederci.«

Milu staunt. »Geht'n das?«

»Frechheit siegt. Ist doch so: Wenn in so 'nem Laden viele Leute sind, Verkäufer im Streß, dann fällst du nicht auf. Da wird doch ständig was rein- und rausgetragen, und daß die zugucken, wie ich ihnen die Bude ausräume und meine Sachen klarmache, darauf kommen die gar nicht.«

»Coole Sache, Mann.«

Savio nickt im Takt der Musik – er hat sich den Walkman eingestöpselt. Schweigend bewegen sich die beiden zur U-Bahn.

Sie fahren mit der Bahn zum Alexanderplatz, wo sie in die Linie U2 umsteigen, hin zur Schönhauser Allee.

ALS SIE AUF DEM REVIER das Papierne erledigt haben, machen sich Nicole und Svend noch einmal auf den Weg, um den Mann aufzusuchen, der die Feuerwehr geholt hat. Diesmal hilft der Zufall. Das Haus, ein anderer Plattenbau, steht gleich unter den ersten des Viertels.

Die Klingelanlage erfordert technisches Geschick. Völlig verrückt, denkt Svend, ein Minicomputer. Man muß erst den Namen auf einem Display finden, dann wird eine Nummer angezeigt, die Wohnungsnummer, und die muß man auf einer Tastatur eingeben, zuletzt den Klingelknopf drükken. Nicole klingelt mehrmals, unschlüssig, ob sie die Anlage richtig verstanden hat. Dann nuschelt eine Stimme, und Nicole ruft: »Hier ist die Kriminalpolizei.«

Ein schäbiges Treppenhaus, verwinkelte Flure. Die beiden Polizisten meinen einen Druck zu spüren, als schlüge ihnen der dumpfe Hauch vor die Brust. Grünbraune Mustertapeten tragen dunkel glänzende Spuren zahlloser Hände, und an manchen Stellen sind sie heruntergefetzt. Im Licht der Neonröhren schimmern die Ränder des Linoleumbodens schwarz von überbohnertem Dreck. Vor einigen Wohnungen liegen Matten zum Fußabstreichen mit eingewebten Grußadressen wie »Welcome« und »Hallo«, und an Türen kleben Etiketten von Fußballvereinen oder lustig gezeichnete Tierbilder. Die Wände des Fahrstuhls sind zerkratzt und mit Sprüchen beschrieben, Liebesschwüre und Streit.

Gegenüber der Wohnung, an der Svend klingelt und aus der ein Hund wufft, seinen Zorn über unbefriedigtes Interesse nur schwer unterdrückend, stehen ein paar ausländische Jungen vor einer angelehnten Tür, Kriegsflüchtlingskinder aus Jugoslawien vielleicht oder Russen. Nicole und Svend muten dienstlich an, auch in Zivil, und die mißtrauischen Halbwüchsigen fallen in Getuschel, drängeln sich dann in die Wohnung.

Als ein Mann ihnen öffnet, ein Mittvierziger, blaß und bebaucht, holt Nicole die Messing-Dienstmarke aus der Hosentasche. Sie kämen wegen dem Herrn Reiber, ob man mal hereinkönnte, es gebe da noch Fragen.

»Ich bin der Sohn«, sagt der Mann, und die Polizisten erschrecken. »Nein, nein, ich meine, mein Vater ist mit dem Herrn Reiber befreundet, also war, aber ich kannte ihn auch. Ich bin bloß auf Besuch, Vater ist gerade unterwegs.«

Den Hund hat der Sohn ins Klo gesperrt, und dort wird nun offen unzufrieden gebellt. Die Wohnung ist kleiner, aber ebenso vollgestellt, vor dem Fenster hängen Gardinen in dichten Falten und ziehen das Januarlicht ins Graue. Auf dem Bett liegt eine geblümte Tagesdecke. In einem Wandregal aus kurzen metallenen, schwarzlackierten Leiterstükken stehen auf dem oberen Brett, von dem sich das helle Furnier löst und Preßspäne offenlegt, leere Bierdosen, unten lungern Figuren aus Kinderüberraschungseiern. Eine Staubschicht besänftigt die Gegenstände, als wäre deren Zeit abgelaufen. Es riecht nach kaltem Rauch. In einem verglasten Schrank stehen Vasen und Bierseidel und ein Bilderrahmen. Das Foto darin zeigt drei Personen, aber die Scheibe ist milchig vom Staub.

»Bei dem Herrn Reiber war ich am Dienstagabend zu Besuch.«

»Am Dienstag vergangener Woche?«

»Ja. Also vor acht Tagen, nee, sieben. Aber dann war ihm schlecht gewesen, und er wollte sich hinlegen. Und ich bin nach Hause.«

»Und haben Sie oder Ihr Vater dann den Herrn Reiber noch mal besucht?«

»Nee. Also ich wollte. Er war ja herzkrank, hatte vor zwei Jahren drei Bypässe bekommen. Und wenn ihm dann mal schlecht war, hat er sich hingelegt. Ich war am nächsten Tag noch mal mit dem Hund unterwegs und hab geklingelt, aber er hat nicht aufgemacht. Dachte, er wird zur Ärztin sein vielleicht.«

Nicole fragt und macht sich Notizen, Svend guckt sich um. Es gibt nichts zu sehen, was er nicht schon gekannt hätte. Er kannte es nach einem Blick, ist vertraut mit solchen Wohnungen. Müdigkeit krabbelt in die Glieder. Der Hund bellt. Wie ein Metronom, in dessen Takt der Mann seine Aussage stäubt.

»Am Donnerstag war ich dann abends bei ihm, aber da hat auch keiner aufgemacht.«

»Warum haben Sie denn die Feuerwehr geholt?«

»Na ja, ich war ja jeden Tag mit dem Hund an dem Haus vorbeigegangen gewesen, und da brannte immer Licht. Die Nachttischlampe. Und gestern dachte ich schon, er hätte sich vielleicht ja mal melden können, ob vielleicht was passiert ist. Na ja, war ja dann.«

Nicole und Svend gehen durch den engen Flur zur Wohnungstür. In der Küche steht ein Topf auf dem Herd: Fleischwürfel in brauner Soße. Noch immer bellt der Hund.

DIE GEWITTERWOLKEN sind abgezogen, dunkelgrauer Himmel schmiegt sich an rote Dächer und nackte Baumkronen. Warm leuchten die gelben Laternen. Savio und Milutin gehen die Treppen hinunter vom U-Bahnhof Schönhauser Allee, die Hände in den Hosentaschen. Der Berufsverkehr verklingt langsam. Nach ein paar Schritten unter dem Viadukt wechseln sie auf die rechte Seite, Richtung Pankow. Die Steinplatten des modernen Bürgersteiges sind vom Regen spiegelglatt, manch einer setzt mit Vorsicht die Füße. Gummisohlen von Turnschuhen haften gut, und die beiden Jugendlichen gehen schnell. Sie halten die Köpfe gesenkt, Milutin hat eine Kapuze übergezogen. Sie sagen nichts.

DIE WÄNDE DES AUFENTHALTSRAUMES sind seit Jahrzehnten nicht gestrichen worden. Zwischen zwei Fenstern hängt auf dem grünen Ölsockel die Bilderfolge aus der Zeitschrift GEO: ein Baum in den Kostümen von vier Jahreszeiten. Sich lösender Tesafilm an zwei anderen Plakaten wurde mehrmals neu überklebt: Ein halbnackter, aus gischtigem Wasser springender Mann wirbt mit harter Brust und kantigem Kinn für ein Parfüm; drei nackte Frauen zeigen ihre mit Tattoos bemalten Rücken und schokobraune, runde Hinterbacken und locken auf Inseln. Sofas stehen an den Wänden, ein Couchtisch mit Illustrierten, ein großer Fernseher. Die Fernbedienung liegt neben Zeitungen auf dem Tisch, paar harte Stühle drum herum. In einer anderen Ecke ein Nachtschrank mit Tischlampe, deren Plisseeschirmchen von innen angekokelt ist.

Hier verweilen die Kollegen der Abteilung Verbrechensbekämpfung in der örtlichen Sofortbearbeitung, so nennt es sich amtssprachlich, fünf Frauen und sechs Männer im

Schichtdienst. Einer futtert Buletten aus einer Tupperware-Dose und trinkt Tee aus seiner Thermoskanne. Die anderen dösen und lesen. Nur der Fernseher spricht, singt und wirbt.

Nicole wirft sich in eine Sofaecke und kramt ein Kochbuch aus der Tasche. Gerade hat sie mit der Hausärztin des Toten telefoniert und, nachdem sie Auskünfte aus dem Krankenblatt erhalten hat, die Leiche zur Beerdigung freigegeben. Der Mann kam aus der Küche, griff sich an die Brust und fiel tot um. Er faulte eine Woche lang neben der Heizung, während unten vor dem Haus der Sohn seines Bekannten, den Kopf in den Nacken gelegt und den Hund an der Leine, das Leuchten der Nachttischlampe betrachtete. Andere Menschen gehörten ihm nicht an. So in der Art wird es nachher in ihrem Bericht stehen.

»Nicole, woll'n wir 'n bißchen streifen?« Svend langweilt sich. Er hat ein Viertelstündchen gedöst, aber jetzt muß mal wieder was getan werden.

Nicole guckt von ihrem Kochbuch hoch, streicht ihr Haar zurück und betrachtet ihn für einen längeren Moment: sein ovales kräftiges Gesicht, den kurzen dunklen, tief in der Stirn ansetzenden Schopf, mit Haargel sorgfältig zu glänzenden Spitzen geformt. Wie ein Teufel mit vielen Hörnchen. Dunkelbraune, etwas hochstehende Augen gucken ungeduldig. Die Wangen vom Halbschlaf blaß. Svend ist ein großer, breitschultriger Bursche. Er braucht einen Beruf mit Bewegung, deshalb ist er Polizist geworden und hat sich nach der trockenen Zusatzausbildung zum Kriminalisten auf das Herumtreiben gefreut, auf das Herumkurven mit dem Auto und auf die Menschen und deren Wohnungen, auf fremde private Welten und auf seine amtliche Autorität.

»Laß uns 'n bißchen streifen«, wiederholt er.

»Streiten? Ach, laß man«, sagt Nicole.

»Rrrwuff!« sagt Svend.

»Er muß Gassi«, sagt eine Kollegin, »denk an den Leinenzwang!«

»Bitte auf Mithören schalten!« ruft ein Kollege von der Couch.

»Fällst du eigentlich unter die Kampfhundeverordnung?« fragt Nicole.

Svend zeigt Zähne und knurrt leise. Das Teufelchen scharrt mit dem Huf.

»Dann brauchst du einen Maulkorb. Nee, mal im Ernst, ich hab morgen volles Haus und weiß noch nicht, was ich zum Essen mache. Vielleicht chinesisch? Was meinste?«

»Ach komm, Nicole, laß doch jetzt das Kochen. Ich sag's dir unterwegs.«

»Pommes frites an Ketchup, ich weiß.« Nicole klappt das Buch zu. »Okay, fahren wir 'n bißchen. Ich bin gleich soweit.«

Sie schnappt sich die Handtasche und verläßt den Aufenthaltsraum, um den Lippenstift aufzufrischen. Svend sieht ihr nach. Sie schwenkt die Hüften, und ein Kollege am Tisch zwinkert ihm zu.

Die beiden rüsten sich, werden dabei um die Hüften immer breiter. Unter Jacken und Pullovern hängt am Gürtel die Ausstattung: privates Mobiltelefon, dienstliche Handschellen, private Taschenlampe. Die besseren Ausrüstungsgegenstände kaufen sie sich selbst, Berlin hat wenig Geld für seine vielen Polizisten. Nicole und Svend greifen ihre Taschen mit Proviant, manchmal sind sie stundenlang unterwegs, nehmen ihre Pistolen aus den Schließfächern im

Flur, und Nicole geht nach vorn zum Schichtleiter. Der sitzt mit seinem Stellvertreter und dem schutzpolizeilichen Lagedienst, insgesamt fünf Männer und eine Chefin mit Verbindung zur Zentrale, an einem mit Bildschirmen und Telefonen gedeckten langen Tisch.

»Wir fahren mal bißchen rum«, ruft Nicole ihm zu, und er winkt nur.

Auf dem von gelben Laternen gut ausgeleuchteten Parkplatz stehen zwischen den grün-weißen Funkwagen ein paar Zivilfahrzeuge. Svend schiebt sich hinters Steuer eines blauen Opels. Es ist dunkel geworden. Nach Abzug des Unwetters hat es wieder zu nieseln begonnen.

Wenig später brummt der durchgewärmte Wagen durch die Christburger Straße. Steine und Autos glänzen im Schein der Laternen. Der Scheibenwischer summt, tickt, summt. Am Zigarettenanzünder klemmt ein kleiner Radiorecorder, dudelt leise vor sich hin. Ein weißes Segel, karibischer Wind, nachlässig übers glitzernde Wasser streichend wie über einen silbernen Teppich. Da wär' Svend jetzt gern und glitte auf einem Surfbrett, blinkende Spritzer abschneidend, durch die Wellen.

»Glotz nicht so«, sagt Nicole. Sie hat eine Einkaufsliste geschrieben und ist nun fertig mit dem Kochbuch.

Svend tut, als erwache er aus einer Trance, reißt die Augen auf, schüttelt den Kopf, tritt abwechselnd auf Gas und Bremse, so daß der Wagen ruckelt, und dreht wild am Lenkrad rum, spielt den Fahrer mit Herzinfarkt, greift sich an die Brust, steckt die Zunge seitlich raus, fällt aufs Lenkrad, bremst. Nicole gackert fröhlich und wirft ihr Haar zurück. Sie sind allein auf der Straße. Stunden vergehen.

»UND JETZT MAL für die Fahrjäste ohne Abitur: An der Tür is ne Lichtschranke.« Gedrängel. »Ick fahr erst los, wenn die Tür zujeht. Ick hab Zeit«, nölt der Busfahrer durch die Lautsprecher. Zwei Männer geben das Pressen endlich auf und verlassen den Wagen mit einem Schritt rückwärts, die Tür zischt zu, und der Bus setzt sich schwankend in Bewegung. Robert ist am Hackeschen Markt zugestiegen, es sind meist junge Männer, die sich hier drängeln auf dem Weg in den Prenzlauer Berg, entweder zu weiteren Partys oder nach Hause. Die regennassen Wollmäntel dünsten animalisch vor sich hin, Atemluft beschlägt die Scheiben.

Im hinteren Teil hat sich eine größere Gruppe von Herren mit gelockerten Krawatten niedergelassen, und den lauten Gesprächen sind die Vorzüge der Hackeschen Höfe zu entnehmen: zentrale Lage, Restaurants. Nun soll auch der nächtliche Prenzlauer Berg einer Prüfung unterzogen werden, die am Senefelder Platz zu Fuß weitergeht.

Am Bahnhof Schönhauser Allee steigt dann auch Robert aus. Er fröstelt und zieht den Reißverschluß seiner Jacke ganz nach oben, senkt den Kopf gegen einen kalten, halbherzig durch die Stadt fauchenden Wind, der ein Nieseln vor sich her treibt, und nimmt den Metallschnipsel des Reißverschlusses zwischen die Lippen. Dann überquert er bei Rot und wenig Verkehr die Wichertstraße und geht weiter in Richtung Pankow.

Robert ist in den letzten zwei Jahren hoch aufgeschossen und im Gesicht schmaler geworden. Die Nase hat ihre Stupsigkeit verloren, das zurückgestrichene Haar gibt eine gerade, hohe Stirn frei. Kindliche Formen stoßen auf erste Zeichen von Alterung. Er geht leicht vorgebeugt, lässig, schützt die Hände an den seltsam lang gewordenen Armen, indem er sie in den Hosentaschen vergräbt. Die Hosen sind weit, Robert kauft sie nicht in Jeansläden, es sind gebrauchte Stücke, die er billig in Secondhand-Shops erwirbt, manchmal den Preis noch herunterhandelnd. Er fühlt sich angezogen, aber nicht beengt. Er empfindet das Streicheln des Stoffes an den Beinen, deren Kontur nicht zu sehen ist. Er schlurft mit den voluminösen Turnschuhen, die er nicht zugebunden hat, über den Boden, er hat Erdung, er ist verbunden mit der Straße, fühlt sich sicher.

FRED, GÜNTER UND HEINZ zelebrieren ein Kiffer-Sit-in. Fred, Günter und Heinz sind Spitznamen, die in einer lange zurückliegenden Kiffersitzung vergeben wurden, als sie »einen Vaterfilm schoben« und sich über ihre »parents« amüsierten. Und zu Fred, Günter und Heinz stoßen Savio und Milu, später auch Jenny hinzu, die es gar nicht mag, wenn man sie Frau Beimer nennt.

»Wir haben auf dich gewartet, Savage.«

»Gut«, sagt ein anderer, »dann laß uns den dicken Mann mit dem großen Hammer abholen. Was haste bei, Savage?«

»Pssst! Guuuten Stoff«, sagt Savio hinter vorgehaltener Hand und schmatzt, und alle lachen. »Ich mach uns mal 'ne Mische.«

»Aber prompst, wenn wir bitten dürfen!«

Savio holt aus der Hosentasche ein durchsichtiges Tütchen, in dem sich das gepreßte Kraut befindet. Außerdem fördert er ein Päckchen Tabak und Zigarettenpapier zutage. Von den Blättchen klebt er zwei zusammen, streut ein paar Tabakflocken darauf und bröselt dann großzügig Gras darüber. Die Jugendlichen lungern auf Kissen am Boden. Savio dreht geschickt eine kegelförmige Tüte und baut auch einen Filter aus Karton ein.

AN DER TANKSTELLE Prenzlauer Allee treffen Nicole und Svend auf einen grünen Streifenwagen.

»Hey, da ist Grieneisens Ehrenwache«, sagt Nicole, »laß mal rübergehen.«

Den Namen verdanken die zwei motorisierten Uniformierten ihrem Alter, sie haben das fünfzigste Lebensjahr überschritten und fallen im Streifendienst unter den vielen jungen Leuten auf. Gewöhnlich wechseln ältere Kollegen ins Büro oder erklimmen höhere Ränge, deren Aufgaben sie im Innendienst versehen. Das Grieneisen-Team bevorzugt dagegen den Dienst auf der Straße.

»Na? Schiebt ihr 'ne ruhige, oder is was los?« Sie schlägt dem neben dem Wagen stehenden Kollegen auf die Schulter.

Der legt freundschaftlich den Arm um sie. »Nicole, meine Schönheit, du vergoldest die Finsternis unserer Nacht.«

»Und eure Blutgefäße, was?«

Der Graubart hinterm Lenkrad beißt in eine Stulle, die er aus dem mit einem zweiten Klappbrot sowie einer Tomate und einem halben Apfel sorgfältig bestückten Plastschälchen auf seinem Schoß genommen hat, und brummt etwas aus dem Fenster.

»Ej, Kollege, Uniformierte dürfen draußen nicht essen.«

Der die Vorschrift mißachtende Kollege knurrt.

»Nüscht los heute bei euch?« zwitschert Nicole.

»Wir hatten schon unsern Großeinsatz.«

»'n Abend«, wünscht Svend, der dazukommt, »Großeinsatz? Erzähl mal.«

»Hilfeschreie aus einer Wohnung waren gemeldet, kannste dir ja vorstellen, waren bestimmt dreißig Kollegen auf einmal da.«

»Langweilen sich alle. Wo denn?«

»Friedrichshain.«

»Ist doch gar nicht euer Beritt.«

»Wir waren drei Minuten entfernt.«

Der Kollege erzählt, daß man nicht gewußt habe, von wem die Meldung gekommen sei und welche Wohnung sie betreffe. Es hätte sich um ein Kind, einen Kranken, eine aus welchen Gründen auch immer hilflose Person handeln können. Die Feuerwehr sei informiert worden, sei aber nicht ausgerückt, weil man nicht genügend Anhaltspunkte für einen Notfall gesehen habe.

Das hätte sie aber anders gesehen, wirft Nicole ein, die Feuerwehr könne doch vorbeugend schon mal einen Rettungswagen an den Einsatzort schicken, denn oft gehe es ja um Minuten.

Der Kollege hält inne, überlegt, zuckt die Schultern und grinst.

Sie meine ja nur, sagt Nicole.

Ein paar Kollegen seien dann auf den Hof gegangen, fährt der Uniformierte lächelnd fort. Sie hätten die Fenster abgeleuchtet. Ein paar seien die Treppen hoch, und von dort sei dann Meldung gekommen. Ein Wimmern sei aus der Wohnung im vierten Stock gedrungen, ein richtiges Wimmern. Inzwischen seien diverse streifende Kräfte eingetroffen, und das Haus habe gewimmelt wie ein Bahnhof, nur Polizei, auch von der Kripo sei jemand dagewesen. Etwa dreißig Leute seien nun die Treppen raufgerannt, richtiger Trubel, und man habe sich wie eine Schulklasse gefühlt, auch er in seinem Alter.

»Und, was war?«

»Stand ein Besoffener in Unterwäsche im Wohnzimmer und sagte, seine Olle würde ihn mit 'ner vollen Fantaflasche bewerfen, und das würde ja nun wohl mal weh tun.«

»Fantaflasche als Waffe, gefällt mir«, sagt Nicole.

»Und die Frau?«

»Lag im Bett und sagte, sie kann nicht schlafen, wenn der Alte den Fernseher so laut dreht.«

»Spannende Abenteuer!«

»Als wir gingen, kam die Feuerwehr, also so 'n PKW von der Einsatzleitung, die wollten doch wissen, was los ist.«

»Ist doch schön, wenn man aufmerksame Bürger hat, die alles melden.«

»Der Greis hatte so 'ne dünne Stimme, da konntest wirklich denken, das wär 'n Kind. Und bei euch?«

»'ne Leiche heute nachmittag, sieben Tage an der Heizung.«

»Hört sich unfrisch an.«

»War nicht direkt knusprig. Ja, und sonst tote Hose.«

»Die Nacht ist noch lang.«

»Leider.«

SAVIO VERLÄSST Freds alias Maiks Wohnung in der Varnhagenstraße. Trotz Bier und Haschisch ist er nicht so gelassen, wie er es gern wäre. Der Abend strich langweilig dahin, alle haben nur dummes Zeug geredet, findet er. Er ist schlecht gelaunt und will nach Hause. Er winkt den andern zu, die inzwischen still geworden sind, und geht die Treppen hinunter. Die Haustür ist abgeschlossen, er muß wieder zwei Etagen hoch.

»Was'n los?«

»Unten is zu.«

»Wart mal.« Sein Freund verschwindet im Zimmer.

Die innen neben der Wohnungstür gelegene Klotür geht auf, und Jenny kommt heraus.

»Hey, komm mal her.«

»Was willst du denn noch? Ich denke, du bist weg?«

»Komm her«, wiederholt Savio, greift sie am Arm und zieht das widerwillige Mädchen zu sich. »Willst du mir keinen Gutenachtkuß geben? Wenn du schon nicht mitkommst?«

»Alter! Nein, hau doch ab.« Jenny ist betrunken und wehrt sich, zappelt mit den Armen gegen Savios Griff.

Maik taucht wieder auf, mit dem Schlüssel in der Hand, und drängt sich an Jenny vorbei. »Ej, Savage, schmeiß sie in den Briefkasten, wenn du aufgeschlossen hast.«

»Okay«, antwortet Savio, und als er die Schlüssel nimmt, macht Jenny sich los.

»Fick dich ins Knie«, schimpft sie und geht nach hinten, und Savio guckt ihr mürrisch nach, winkt dem Freund und verschwindet.

Sein Weg führt ihn durch die Kuglerstraße. Er überquert die östlich der Schönhauser Allee gelegene Stahlheimer Straße.

ROBERT TRABT vor sich hin, in die Kuglerstraße biegend, und denkt an den Mund von Vicky. Das Mädchen heißt Victoria. Sie ist erst im Sommer, also vor – Robert zählt zurück –, vor fünf Monaten nach Berlin gezogen, weil ihr Vater hier arbeitet. Viel mehr weiß er nicht von ihr, außer dem Wichtigsten: Vickys Telefonnummer. Sie war mit Freundinnen im Club. Robert vergegenwärtigt sich ihr Gesicht und den Blick, mit dem sie ihn draußen verabschiedet und in ihren Bann gezogen hat: jene die schwarzen Pupillen umschließenden blauen Ringe glänzten, zwei Glasbucker, in denen weiße Papierschlangen leuchteten, zwei rund um die Pupillen laufende Leporellos. Und die Augenbrauen: zwei kleine, weiche Felle. So ruhig konnte er das Mädchen vorhin gar nicht betrachten, wie er jetzt Einzelheiten aus fotografischer Gedächtniszelle fördert. In seiner Brust, eigentlich seinem Magen, verschlang sich seine Aufregung zu einem Knäuel, das ihm die Luft abpreßte, und jetzt wiederholt sich das Gefühl: Er liebt Vicky, und zwar uneingeschränkt. Ist entflammt, wild und heiß wie ein breitschultriger Held, einerseits. Hegt zarteste Zuneigung, will sich schutzbedürftig wie ein winziges Söhnchen an ihren Hals drücken und sich in ihre Handfläche einrollen, andererseits. Zugleich will er fürsorglich wie ein Vater ihr mit starker Hand Schutz bieten und warm und geschlechtslos wie ihre liebste Schwester an ihrer Seite sein. Und am Ende mit jeder feuchten Zelle seines Robertseins sie mit Armen und Beinen umfangen.

Das kalte Nieseln ist ein wenig stärker geworden.

DIE BEIDEN Kriminalpolizisten fahren langsam durch die Winsstraße, nur ein Zeitungsträger ist in den frühen Morgenstunden unterwegs und animiert zu einem Routinescherz. In einer Nebenstraße entdeckt Nicole einen hellen Opel. »Halt, fahr mal zurück. Ich glaub, da waren Kollegen unterwegs.«

»Laß uns von der andern Seite ranpirschen, der fuhr so langsam, der hatte was vor.«

»Ja, mach! Die sind nicht von uns, das werden die vom Abschnitt sein.«

Svend gibt Gas, und sie schlagen einen Bogen um den Wohnblock und halten am anderen Ende der Straße.

»Schleichfahrt«, bemerkt Nicole. Der Wagen vor ihnen fährt langsam auf die Winsstraße zu, er hält. Ein Mann steigt aus.

»Torpedos fertig«, gibt Svend zurück.

»Fahr mal vor. Wenn der jemanden beobachtet, dann ist er jetzt in der Winsstraße. Wir wollen die Sheriffs ja nicht stören.«

Svend fährt vor, und sie halten neben dem schmutzigweißen Opel. Nicole kurbelt die Scheibe runter.

»Mensch, Nicole!« sagt der Mann im Opel, »ich hab mich schon gefragt, wer hier um uns rumschleicht.«

Nicole und Frank kennen sich aus der Zeit, als Nicole noch bei der Schutzpolizei arbeitete.

»Hallo Frank! Ihr seid es doch, die schleichen. Wen habt ihr denn am Wickel?«

»Wir bringen bloß zwei nette junge Männer mit Glatzen nach Hause. Kollege ist gerade raus. Bin per Funk mit dabei.«

SAVIO SUCHT in seinen Taschen nach einer Zigarette und stellt fest, daß er keine hat. Ärgerlich. Jenny ist eine Zicke. Er hätte sie nicht allein lassen, nicht ohne sie gehen sollen.

In der nachtstillen Straße kommt ihm jemand entgegen. Der hat hoffentlich was zu rauchen. Ein ziemlich junger Bursche, erkennt Savio beim Näherkommen.

»He!«

»Ja?«

»Sag mal, hast du 'ne Zigarette?«

»Nichtraucher.« Robert ist müde und maulfaul und antwortet, ohne anzuhalten.

»Wart doch mal, Kleiner! Wie sieht's aus, kannste mir aushelfen mit Kleingeld für 'n Automaten?«

»Sorry, hab nix dabei«, sagt Robert, nur die Schultern kurz nach hinten drehend. Savio ist einen halben Kopf kleiner als er, und Robert will den Bettler abschütteln.

Savio greift ihn beim Arm. »Bist du dir da sicher?«

»He, was soll das!« Robert wird wach. »Laß mich in Ruhe! Verschwinde!«

»Du bist frech, kleine Ratte.« Savio hat den Jungen gepackt, er wirft ihn rücklings gegen die Mauer und trifft ihn mit der Faust gegen die Brust.

»He, spinnst du«, keucht Robert und will sich losmachen, doch Savio holt kurz aus und schlägt ihn diesmal hart ins Gesicht. Einmal, zweimal. Er ist schnell. Tastet Roberts Jackentaschen ab und sagt: »Du hast doch bestimmt eine Brieftasche, gib schon her, sonst tut's gleich richtig weh.«

Robert, erstarrt, stumm und mit aufgerissenen Augen, greift in die Gesäßtasche und zieht seine Brieftasche, die Savio ihm aus der Hand reißt und durchwühlt. Der Schülerausweis segelt auf den nassen Boden. Savio findet einen Zwanzigmarkschein und läßt auch die Brieftasche fallen.

»Haste noch was? Sag's lieber gleich!« Er steht breitbeinig vor Robert, der jetzt merkt, daß er aus der Nase blutet und zittert.

»Nee, echt nicht, ich hab nichts mehr.«

»Nee, echt nicht«, echot Savio.

Beim letzten Schlag geht Robert zu Boden. Ihm ist, als verschöben sich seine Schädelplatten wie die Erdschollen bei einem Beben, es hat geknirscht, als der andere ihn auf den Mund getroffen hat. Robert macht sich Sorgen um die Knochen.

ÜBER »BEROLINA«, wie der Sender der Polizeilichen Einsatzleitzentrale »PELZ« genannt wird, erreicht die Meldung von einem Überfall in der Kuglerstraße in Prenzlauer Berg den Funkwagen von Nicole und Svend. Ein Streifenwagen antwortet, daß er übernimmt, zwei weitere begeben sich ebenfalls zum Tatort.

Nicole und Svend tauschen einen kurzen Blick, Svend rutscht im Sitz hoch und gibt Gas. Nicole greift zum Hörer und holt sich beim Schichtleiter die Erlaubnis, »mit Eile« in die Kuglerstraße zu fahren.

»Dann setz ich mal den Dödel auf«, sagt sie, kurbelt das Fenster herunter und klebt das gummifüßige Blaulicht aufs Dach.

Svend drückt das Gaspedal durch und jagt den Wagen über die Danziger Straße, mit Sirene biegen sie bei Rot rechts in die Prenzlauer Allee ein. Das Blaulicht flackert in den Scheiben parkender Autos und Schaufenster. Über Funk wird nachgetragen, daß der Notfall von einem Anwohner gemeldet worden sei, der den Vorgang vom Fenster aus beobachtet habe. Der Täter sei noch in der Nähe. Weitere Informationen würden folgen, die Kollegen mögen rasch Meldung geben.

Als Nicole und Svend hinter dem S-Bahnhof Prenzlauer Allee nach links in die Wichertstraße gebogen sind, nimmt Nicole das Blaulicht wieder ab, man will den Täter nicht erschrecken. Aus dem Funkgerät schnarrt's: »Die gesuchte Person ist mit einer Pistole bewaffnet. Sie wurde auf der Schönhauser Allee gesehen, Höhe Erich-Weinert-Straße, bewegt sich Richtung S-Bahnhof Schönhauser Allee. Linke Straßenseite stadteinwärts.« Sie fahren jetzt schnell durch Querstraßen an die Schönhauser Allee heran.

»Wenn die aus der Kugler hinter ihm herfahren, sind sie auf der anderen Straßenseite, die können ja von dort nicht zugreifen«, sagt Nicole.

Svend schlägt vor, ihm entgegenzufahren, und Nicole stimmt zu. Man werde ihn notfalls allein greifen müssen, sagt sie. Schwierig werde der Zugriff nämlich, wenn der Mann zur U-Bahn flüchte unter den Viadukt. Die Geländer zum Fahrdamm, die Säulen und die Treppe hinauf zur U-Bahn machten das Gelände verdammt unübersichtlich.

Nach einer Pause sagt Svend, daß er Bauchschmerzen habe, weil eine Schußwaffe im Spiel sei. Westen habe man auch nicht an, die lägen im Kofferraum.

»Ist endlich Zeit«, antwortet Nicole, »daß die Berliner Polizei uns leichte Schutzwesten spendiert. Mit den schweren Dingern kommste dir ja vor wie beim Gewichtheben.«

SAVIOS LAUNE hat sich nicht gehoben. Der kleine Idiot hatte wirklich nur den Schein dabei. Dafür fängt man sich doch keine Schläge ein. Savio geht die Schönhauser Allee entlang. Er ist aufgeregt und geht schnell, mit energisch pendelnden Armen, die Hände zu Fäusten geballt. Der blöde Hund hat ihn gereizt mit seiner feinen Wohlerzogenheit. ›Ich hab nichts mehr, echt nicht‹, so eine Tuckerei. Und ein Zigarettenautomat steht hier in der Ostzone auch nicht. Aber er hat sowieso keinen Fünfer. Und keine Kneipe in Sicht.

»HAST DU DIE Pistole gesehen?«

»Nein, er hatte sie in der Jacke oder, hm, es ging ja alles so schnell.«

Robert dröhnt der Schädel, ihm ist übel. Aber sich von so einem kleinen Typen einfach schlagen zu lassen, das ist lächerlich. Und er haßt ihn dafür aus vollem Herzen. Robert hat nicht damit gerechnet, daß die Polizei ungerufen erscheint, schon gar nicht in dem Tempo. Kaum war der Typ weg, fuhr von der anderen Seite das Polizeiauto heran. Robert war gerade dabei, auf die Knie zu kommen. Jetzt sitzt er im Streifenwagen, der am Straßenrand steht. Auf der anderen Straßenseite geht der Räuber. Die Polizisten warten auf die Kollegen von der Kripo.

»Wenn sie nicht gleich kommen, müssen wir von hier zugreifen, das wird schwierig«, sagt der Beifahrer.

»Das sind sie wohl schon«, antwortet der Fahrer und zeigt auf einen blauen Opel, der in die Schönhauser Allee einbiegt.

Robert wünscht sich, der Junge da drüben möge weglaufen.

»ICH SEH HIER so einen Kleinen, dunkle Haare, weite gelbe Hose, dunkle Jacke, ist er das?« Nicole spricht über Funk mit dem Beifahrer des Streifenwagens auf der anderen Straßenseite, in dem Robert sitzt.

»Ja, wenn ihr könnt, dann greift zu, wir umfahren jetzt den Viadukt über die Stargarder Straße und sind dann sofort bei euch. Außerdem wartet ein Wagen in der Erich-Weinert, der dasein wird, wenn ihr aussteigt.«

Der Streifenwagen fährt los.

»Svend, paß auf: Wenn wir kurz vor ihm sind, hältst du, und wir steigen beide aus, du sicherst links, ich gehe rechts vor.«

»Verstanden.«

Der Wagen hält, beide Polizisten springen aus dem Wagen, die Türen fallen zu. Sie haben die Hände unter den

Jacken an den Pistolenhalftern, laufen auf Savio zu, und Nicole ruft: »Bleiben Sie stehen, die Hände hoch, nehmen Sie die Hände hoch!«

Bevor Savio dazu kommt, die Hände aus den Jackentaschen zu nehmen, hat ihn Nicole zur Mauer gedreht, packt seine Arme, drückt sie nach oben gegen die Wand und sagt jetzt leiser: »Und nun schön den Adler machen, Arme hoch, Beine auseinander.« Sie hilft mit dem Fuß nach und tastet ihn ab, während Svend daneben steht, eine Hand noch an der Waffe, in der anderen hat er schon ein Paar Handschellen. Im gleichen Moment hält neben ihnen der Funkwagen, der in der Nebenstraße gewartet hat. Zwei Beamte springen heraus.

»Sauber«, sagt Svend. »Nehmt mal bitte eure Eisen, er fährt doch bei euch mit, oder?«

»Und Sie hatten vor fünf Minuten keine Waffe?« versichert sich Nicole.

»Haben Sie eine gefunden?« fragt Savio zurück.

Nicole wendet sich zu Svend: »Wir gehen das Stück mal ab und gucken nach.«

»EINE PISTOLE? Nein. Das kann man nun wirklich nicht sehen von hier oben. Hat da einer geschossen? Also davon hab ich nichts mitbekommen. Nur gedroht? Weiß ich nichts von, kann ich Ihnen nicht helfen. Ich sag doch, ich glaube, der Kleine hat den Größeren angesprochen, der wollte weitergehen, dann hat ihn der Kleine festgehalten, an die Wand gehauen und richtig durchsucht. So war das. Und dann sofort zugehauen. Der Größere schien richtig überrascht, ist ja auch klar. Ich bin öfter nachts auf und stehe am Fenster und gucke so 'n bißchen. Sie ahnen ja nicht, was man da alles. Tagsüber natürlich mehr. Vorne auf der Ecke stehen immer Vietnamesen. Den ganzen Tag. Und ich frag mich, wieso die Polizei da nicht mal, die stehen doch 'n ganzen Tag. Zigarettenmafia, klar. Jaja, Sie sind nicht deswegen. Also ich hab schon zum Telefon gegriffen, als der den Großen festhielt. Aber noch nicht gewählt. Irgendwie sah das böse, als ob der Kleine gereizt war. Ich hab das Telefon genommen und noch abgewartet. Ich bin nicht übereifrig, aber. Wissen Sie, kein Blockwart, aber ich gucke nicht weg.«

»Das haben Sie vollkommen richtig gemacht, Herr Hansen. Wie ging es dann weiter?«

»Der Kleine schlug einfach zu, also erst warf er den anderen gegen die Wand, und dann schlug er ihm gleich ins Gesicht, und da habe ich sofort die Hundertzehn. Ich hab zwar hier im Telefon eine Notruftaste, aber da ist ja die Hundertzwölf drin. Ich habe es mal ausprobiert, ohne zu wählen, verstehen Sie? Also nur die Taste gedrückt mit dem SOS, aber die große grüne hier mit dem Telefonhörer noch nicht. Die muß man nämlich auch noch drücken für die Verbindung. Ich weiß nicht, ob das jetzt schneller geht als früher mit den Wählscheiben. Ich muß immer die Brille haben beim Telefonieren, also ging es nicht ganz so flott, aber dann sind Ihre Kollegen ja schnell dagewesen. Das waren keine fünf Minuten, ich habe nämlich auf die Uhr ...«

»Entschuldigung, ob Sie mir noch kurz erzählen würden, wie es dann weiterging? Sie sagten gerade, der Kleinere von den beiden hat zweimal zugeschlagen.«

»Ja, und dann standen sie da so, und ich konnte nicht erkennen, was war, und ich hatte in dem Moment auch mit dem Telefon. Ich wollte erst das Fenster auf, aber wissen Sie, meine Stimme hört man ja nicht bis unten, das läßt im Alter. Sehn Sie mal, ich bin einundachtzig Jahre, und da läßt doch die Kraft nach. Früher, wie ich noch, na ja. Ich schweife wohl ab, was? Wenn man jünger ist, nimmt man sich das so fest vor, also man guckt sich die Alten an und denkt: Das mach ich nicht, und so werd ich nie, und eine Marotte hab ich schon gar nicht. Aber so ist das nicht nachher, merken Sie sich das. Sie müssen schon ein bißchen Geduld haben, denn sonst kriegen Sie den Rest der Geschichte nicht mit.« Hansen lacht heiser, und dabei bebt sein dürrer Leib, und fast wundert man sich, kein Scheppern zu hören, und er zwinkert dem Polizisten vertraulich zu. »Früher hab ich gedacht, wenn du alt bist, da setzt du dich mit einer Flasche Schnaps im Winter in den Wald und erfrierst. Schön einschlafen und ade. Aber jetzt bin ich doch ganz zufrieden.«

»Ja, Herr Hansen, was haben Sie noch gesehen? Als Sie nach dem Telefonieren wieder zum Fenster gekommen sind: Sie haben überlegt, ob Sie es aufmachen, und was war dann unten?«

»Es war schon vorbei, es lag ja auch keiner auf der Straße, das war im Grunde harmlos, glaube ich. Obwohl es nicht so aussah, als ob die sich kannten. Der Große, also der, den es dann so erwischt hat, der wollte ja eigentlich weiter, er war ziemlich zügig marschiert. Wie es dann schon passiert war, ist der Kleine dann plötzlich verschwunden, und ich hab gerade noch gesehen, wie er um die Ecke ist in die Schönhauser. Und der andere rappelte sich auf und hielt sich den Kopf. Und dann waren Sie ja schon da. Wissen Sie, ich kann auf die Entfernung noch ganz gut sehen, aber es ist ja dunkel, bitte, kommen Sie doch mal ans Fenster. Sehen Sie, so genau kann man das nicht erkennen, wenn da jemand was in der Hand hält. Ich hab nur die Bewegungen gesehen, und das ist ja eindeutig, so ruckartig, so ein Boxen, verstehen Sie, was ich meine? Wissen Sie, das macht einen so richtig wütend, wenn man nichts tun kann.«

Am nächsten Tag wird Herr Hansen mit Frau Wuschke sprechen, die schräg unter ihm wohnt und sich darüber geärgert hat, als sie in der Nacht zwischen dem Spion in der Tür und dem Fenster zur Straße hin- und hergeeilt ist. »Was war denn bei Ihnen los gestern, mitten in der Nacht? Die Polizei im Haus? Ich konnte ja gar nicht einschlafen.«

»Hörn Se uff«, wird Herr Hansen zu einer längeren Erklärung anheben und zugleich abwinken, wobei er sich erst über das Nachlassen der Moral im allgemeinen und sodann über die Verrohung der Sitten unter den Jugendlichen auslassen wird, bis Frau Wuschke wütend guckt und er sich zu genauerem Bericht bequemt.

»Mord un' Dotschlach«, wird Frau Wuschke kommentieren und den Kopf schütteln.

»Das war ja noch nicht alles«, wird Herr Hansen die Neugier Frau Wuschkes erneut anstacheln.

»Was denn noch?«

»Am Ende fragt mich doch der Herr von der Polizei, Moment, da kommt die junge Frau Knoof die Treppe hoch, da machen wir doch gerne ein bißchen Platz.«

»Haben Sie das mitbekommen, Frau Knoof? Mord und Totschlag in der Kuglerstraße. Lassen Sie Ihre Tochter bloß nicht alleine raus! Ich leg jetzt nicht nur die Kette vor, ich schließe auch von innen ab. Gestern war Polizei im Haus. Beim Herrn Hansen.«

Frau Knoof wird nur freundlich guten Tag wünschen und

mit Einkaufstüten die Treppe raufmarschieren, Töchterchen mit großen Augen und lutscherverschmiertem Mund im Schlepp.

»Und dann, Herr Hansen? Was hat der Polizist Sie noch gefragt?«

»Ich dachte erst, ich hör nicht recht«, wird Herr Hansen, dramaturgische Mittel einsetzend, sagen. »Ob ich eine, ähem, ob ich eine, ähem, eine Pistole gesehen hätte, stelln Se sich das mal vor!«

»Was?« Frau Wuschke wird den Mund aufreißen, die Augenbrauen hochziehen und den Oberkörper mit einem Ausfallschritt zum Abstützen nach hinten biegen, um dann biegsam wie eine Gerte noch etwas näher ans Gesicht ihres Nachbarn zurückzufedern und die Antwort zu erfahren. »Und?«

»Nee, hab ich gesagt. Ich hab ja nicht viel gesehen. Aber das heißt ja nüscht.«

»Letztes Jahr wurde bei der Kastanienallee einer erschossen. Das hat's früher nicht gegeben. Stelln Se sich mal vor, jetzt laufen die schon mit Pistolen durch die Kuglerstraße!«

»Es ist ja nichts passiert.«

»Noch nicht, Herr Hansen, noch nicht.«

NICOLE SPRICHT über Funk mit dem Einsatzleiter. Sie haben die Gegend umsonst nach einer Pistole abgesucht. Die beiden Jungs, Opfer und Täter, werden ihnen nicht weglaufen, jetzt gilt es, Beweise zu sichern. Und bevor bei Savio zu Hause was beiseitegeschafft werden kann, soll die Wohnung kontrolliert werden.

»Ihr wollt zu ihm nach Hause? Ohne Durchsuchungsbeschluß?«

»Den Tatplan sicherstellen«, sagt Nicole und zwinkert Svend zu.

»Wenn ihr meint. Meldet euch, wenn ihr da fertig seid. Es sind jetzt alle Teams unterwegs.«

Der juristische Kniff mit dem »Tatplan«, also einem Fetzen Papier, das Beweiskraft hat, gestattet den Polizisten, eine Wohnung ohne richterliche Erlaubnis wegen Gefahr im Verzuge zu durchsuchen, jedenfalls unter dem Vorwand dieser verzüglichen Gefahr, und oft werden dabei eigentlich gesuchte Gegenstände scheinbar zufällig gefunden, Diebesgut etwa oder Drogen. Oder Pistolenmunition, ein Holster, ein Etui, ein Schächtelchen.

Sie klingeln. Hinter der Wohnungstür bellt ein Hund.

»Heute haben wir's nur mit Bestien zu tun.«

»Mit eingesperrten immerhin.«

»Der hat 'ne hohe Stimme, scheint 'n kleiner zu sein.«

»Die beißen zuerst.«

Nun ist auch eine weibliche Stimme zu hören. Sie beruhigt den Hund, dann werden Riegel zurückgedreht und eine Kette vorgelegt. Die Tür geht einen Spalt auf. Man sieht eine weiße Nase herausragen unter wirren roten Lokken, zwischen denen verschlafene Äuglein blinzeln.

»Ja?«

»Guten Morgen, wir sind von der Kriminalpolizei. Tut uns leid, daß wir Sie stören müssen. Dürfen wir mal reinkommen?« Nicole hält Simita Kuszcz die Messingmarke hin.

»Moment, ich hol die Brille.« Die Tür wird geschlossen, kurz darauf wieder einen Spalt geöffnet, die Marke aufmerksam betrachtet, die Tür erneut geschlossen, um die Kette zu lösen, und endlich ganz geöffnet. Verdattert erkundigt sich die strubbelige, in einen Morgenmantel gewandete Großmutter, ob ihrem Enkel etwas zugestoßen sei, und wird beruhigt. Der Dackel steht breitbeinig hinter ihr in der Küchentür und schweigt. Ob man mal das Zimmer des jungen Mannes sehen dürfe. Na ja, wenn es sein müsse. Simita Kuszcz öffnet die Tür zu Savios Zimmer, hält sich an der Klinke fest und läßt die beiden Polizisten an sich vorbei das Zimmer betreten.

»Licht?«

»Hier.« Simita knipst, und ein altmodischer Kronleuchter geht an. »Was suchen Sie denn? Dürfen Sie das überhaupt? Eigentlich, ich mein ja nur.«

»Ja, Frau Kuszcz, spricht man doch Kusch aus, oder? Wir dürfen, auch wenn wir jetzt keinen Durchsuchungsbefehl haben. Wir dürfen Ihnen aber noch nicht sagen, was wir suchen.«

»Was hat denn der Junge angestellt?« will Simita wissen, doch sie wird um Geduld gebeten, man sehe sich erst einmal um.

An der Wand links der Tür bewachen zwei hohe schwarze Verstärkerboxen eine Musikanlage, darüber hängt ein großer schwarzer Bilderrahmen mit dem ungeheuer vergrößerten Kopf einer aufgeblühten roten Rose auf schwarzem Grund. Auf der rechten Seite ragt ein breites Bett in den Raum.

»Ich gehe hier selten rein, Savio will ja nicht, daß ich das Bett mache.« Simita ist näher gekommen und hebt seufzend eine Jogginghose vom Fußboden auf.

»Bitte lassen Sie doch die Sachen noch liegen, bis wir fertig sind, Frau Kuszcz«, sagt Nicole freundlich.

Die Polizisten streifen Gummihandschuhe über. Svend hat den Kleiderschrank rechts hinter der Tür aufgemacht und tastet die Fächer mit den Textilien durch, prüft die Taschen diverser Jacken und Hosen, zieht zwei Schuhkartons hervor, in denen bloß Schuhe liegen, inspiziert ein Fach, in dem außer einem Sockenvorrat nichts zu finden ist. Nicole untersucht währenddessen den Schreibtisch, wirft routinierte Blicke auf Fotos und Amtspost, die zum größten Teil unbesehen in eine Schublade gequetscht wurde. Unter dem Schrank, hinter dem Schrank, hinter einem CD-Regal, unter dem Kopfkissen, unter der Matratze, unter dem Bett, hinter dem Schreibtisch, zwischen den Fenstern, hinter der Musikanlage und in den Boxen, die Svend anhebt und ein bißchen schüttelt: Patronen für eine Pistole finden Nicole und Svend nicht. Kein Etui, kein Ölfläschchen, keine Pfeifenreiniger für den Lauf. Kein Kassenbon vom Waffenhändler. Und keinen Tatplan. Ihre Ausbeute ist gering: ein paar Graffiti-Fotos, ein kleines Tütchen mit einer grünbraunen Preßmasse, an dem Svend kurz schnüffelt. All diese Jacken und Hosen immerhin scheinen ihnen auffällig luxuriös, aber das allein ist für einen Anfangsverdacht auf Diebstahl zuwenig.

»Frau Kuszcz, können wir uns einen Moment setzen?«

»Ja, im Wohnzimmer, bitte.«

Svend und Nicole lassen sich ihre Verblüffung nicht anmerken. Zwei weiße Collies aus lackiertem Gips sitzen in Originalgröße vor einer Vitrine, die Schnauzen in die Luft haltend und ihre blinden Glotzer aufgerissen; in der Vitrine stehen zwei dreißig Zentimeter große, bleichgesichtige Feen mit grünen Glasäuglein und golden schimmernden Locken, die über rosafarben glänzende, bauschige Kleider fallen. Über dem roten Ledersofa hängt ein breiter Goldrahmen, in dem glitzernder bunter und goldener Sand phantastische Wogen bildet. In einer Ecke des Zimmers eine rotgepolsterte Bar mit halbvollen Likörflaschen, davor zwei wenig stabil wirkende Hocker, auf die sich vermutlich niemals jemand setzt. Auf dem Tisch liegt ein Brief vom Arbeitsamt. Simita ist Raumpflegerin, erklärt sie.

Der Hund kommt auch ins Wohnzimmer. Etwas steifbeinig tappt er erst zu Nicole, schnüffelt an ihren Hosenbeinen, dreht sich um und tappt weiter zu Svend. Dort läßt er sich nieder und schließt die Augen. Svend krault ihn ein bißchen, um Frau Kuszcz für die Polizei einzunehmen. Und weil er Hunde mag. Aber Frau Kuszcz merkt das gar nicht.

»Also, nun sagen Sie …«

»Frau Kuszcz, Ihr Enkel Savio ist heute wegen eines Raubes festgenommen worden. Können Sie uns sagen, wann er das Haus verlassen hat?«

»Wegen ein' Raub? Der Junge?«

Sie weiß nicht genau, wann Savio aus der Wohnung gegangen ist, irgendwann am Nachmittag. Was soll er haben? Eine Pistole? Im Gefängnis muß er bleiben? Morgen kommt er nicht nach Hause? Besuchen kann sie ihn nicht? Und heute kann sie gar nichts tun? Nein, einen Notarzt braucht sie jetzt nicht, aber einschlafen kann sie wohl auch nicht mehr. Sie hat ja zum Glück noch den Hund. Der Hund schläft, als ginge ihn nichts an, daß ein Familienmitglied derart abhanden gekommen ist.

Svend und Nicole ziehen nach nicht mal einer Stunde wieder ab, ohne daß sie Beweise sichern konnten.

»Da sah's ja aus wie im Puff«, sagt Nicole draußen.

»Oder wie auf Rudis Resterampe.«

IN DER »GESA«, der Gefangenensammelstelle, muß Savio seine Taschen leeren, sich von vorn und von den Seiten fotografieren lassen und seine geschwärzten Fingerkuppen auf einem Blatt Papier in vorgedruckten Kästchen abrollen. Svend und Nicole kommen später dorthin. Sie legen die Jacken ab und setzen sich an einen der Tische mit einer elektrischen Schreibmaschine, um die Festnahme auf den erforderlichen Formularen zu dokumentieren.

Savio wartet erst draußen auf einer Bank, dann sitzt er neben dem Schreibtisch und buchstabiert noch einmal seinen Nachnamen, den Svend mit zwei Fingern in die Maschine hackt.

Nicole steht im Türrahmen und guckt zu. Sie heftet den Blick auf Savio, so daß er, sich beobachtet fühlend, aufschaut, und in dem Moment fragt sie ohne Schärfe, ganz nachdenklich, als wolle sie eine Anekdote aus seinem Leben hören: »Sagen Sie mal, woher haben Sie eigentlich die vielen schönen Sachen?«

Savio ist verwirrt. »Welche Sachen?«

Während er das Formular in der Schreibmaschine zurechtzuppelt, knurrt Svend: »Na, Ihr Fernseher, Ihre Stereoanlage, die Markenklamotten in Ihrem Kleiderschrank.«

Der Fernseher? In seinem Kleiderschrank? Sie waren bei ihm zu Hause! Nur weil er dem da eine runtergehauen hat, sind sie zu ihm nach Hause, haben Simita aus dem Bett geholt, haben ihr sonstwas erzählt, waren womöglich frech zu ihr und haben in seinen Sachen rumgekramt. Savio schluckt.

»Hat Oma Ihnen geschenkt, ja?« Nicole lächelt.

»Zum Beispiel.« Savio verschränkt die Arme auf der Brust, beweisen können sie nichts. »Hatten Sie denn ’nen Durchsuchungsbefehl?«

Svend holt tief Luft. »Nennen Sie noch mal Ihr Geburtsdatum.«

DAS FLAUE GEFÜHL in Roberts Magen, so als ob jemand beharrlich eine dicke, weiche Faust hineindrücken würde, löst sich plötzlich auf. Mit drei schnellen Schritten geht er seiner Mutter entgegen, und als er sie umarmt, fällt ihm auf, daß er sich hinunterbeugen muß. Er legt sein Gesicht an ihren Hals, und der vertraute Geruch läßt ihn aufschluchzen.

Sie fahren im Taxi vom Krankenhaus nach Hause.

Als Robert im Bett liegt, kann er nicht einschlafen. Er denkt an Savio, der ihn geschlagen hat, jetzt aber auf einem Revier rumsitzt und Fragen nach einer Pistole beantworten muß, die es gar nicht gab.

AM MORGEN um halb sieben, gegen Ende ihrer Schicht, gehen Nicole und Svend ins Berichtzimmer. Dort stehen zehn Schreibmaschinen auf Tischen.

Nicole fragt Svend: »Machst du den Raub? Dann schreib ich die Leiche.«

2. KAPITEL

Savio steht mit hängenden Armen an der Tür. Mit einem Lärm, als ob es nichts mehr gäbe als ein Schließen, ist sie hinter ihm zugefallen. Seine Augen sind aufgerissen, feucht. In ihnen spiegelt sich das Fenster mit senkrechten Eisenstreben wie in gläsernen Zukunftskugeln. Langsam tritt das Bild in ihn ein, erweitert sich fließend erst zu den Seiten hin, dann nach oben. Er sieht den matten Glanz des gelblichen Ölsockels rechterhand, verwischten Staub. Rechts ein Tisch, vorn gleich am Fenster, zerkratzt und bekritzelt, schäbig; links im Schatten das Bett, es steht in einer Nische, die durch den angrenzenden Toilettenraum gebildet wird. Ein blau-weiß karierter Bezug auf der Decke. Rechts neben sich, an der Tür, bemerkt Savio einen Schrank.

Er atmet ein, hält die Luft an, pustet sie durch geblähte Wangen wieder aus. Der Druck in der Kehle läßt nach. Savio schiebt die Hände in die Hosentaschen und geht vier Schritte und einen halben geradeaus, steht am Fenster, blickt hinaus und sieht sich selbst: reihenweise Zellenfenster und hinter manchem eine Gestalt. Die Häuser sind zweistöckig, gar nicht so hoch. Da ist ein großes Stück vom Himmel. Heute war er ganz blau und klar, jetzt dämmert es. Scheinwerfer leuchten den Hof der Jugendstrafanstalt Plötzensee aus. Krähen flattern herum, auf Brocken wartend, die ihnen von den Gefangenen hingeworfen werden: Brot und gekochte Kartoffeln. Der zementierte Boden ist naß, auf dem kleinen Rasen liegen letzte Klumpen zusammengefallenen Schnees wie zerknautschte, bleiche Zylinderhüte. Ein Baum steht kahl in der unwirtlichen Mitte. Savio öffnet das Fenster. Kälte und Geräusche dringen herein, Stimmen: ein Gemisch aus hartem Deutsch und weicherem, heiserem, auch kehlig abgehacktem Türkisch, außerdem unbekannte, tiefere Laute, vielleicht Polnisch, Russisch oder, nein, wahrscheinlich ist das Serbisch, Kroatisch oder so was – Savio weiß es nicht genau.

Er tritt vom Fenster zurück, zieht den Schemel unter lautem Stottern der Stahlrohrbeine auf dem Linoleum unterm Tisch hervor und setzt sich, breitbeinig, die Hände in den Taschen. Er starrt an die Wand. In seinem Kopf ist Watte, die sich selbst vermehrt. Zehn Minuten vergehen, vielleicht eine Stunde – dann nimmt sein Blick die Mauer, die Fenster und die Stäbe wieder wahr. Es riecht nach Reinigungsmitteln und Essen. Die Watte ist zu einem Ball verfilzt, hüpfende Gedanken: Was nun? Was wird mit mir geschehen? Wann komme ich hier raus? Die Wände geben sie zurück, ein Echo, schwächer und zugleich ein Chor.

Später liegt Savio unter der Decke, durchs Fenster scheint der Mond. Er erinnert sich an einen Abend in seiner Kindheit. Er muß sieben gewesen sein. Seine Mutter hatte sich mit der Nachbarin unterhalten und war dann fortgegangen. Die alte Frau hatte ihm Bratkartoffeln gemacht, und als er im Bett lag, nahm sie vom Fensterbrett zwei Händevoll Schnee, packte sie in eine Schüssel und sagte, sie werde ihm so lange eine Geschichte erzählen, bis der Schnee geschmolzen sei. Dann war er eingeschlafen.

Als er am nächsten Morgen erwacht, weiß er nicht, wo er ist. Aber es fällt ihm gleich ein, und er schließt die Augen. Er wünscht sich, alles sei ein Traum. Savio hat noch nie eine Waffe gehabt. Er hat mal eine Pistole in der Hand gehalten, eine richtige, keine Schreckschußpistole. Aber scharf ist er darauf nie gewesen. Hat auch nie zuvor jemanden abgezogen, er mag so was eigentlich nicht. Weiß der Teufel, was ihn geritten hat. Und was den andern, der ihm die Pistole unterschieben will.

ALLMÄHLICH lernt Savio die anderen Gefangenen kennen. Zum Zellenaufschluß am Nachmittag treten die Jugendlichen hinaus ins Foyer. Einige, die zwei Türken, der Portugiese, und die zwei Kurden, denen sich Savio angeschlossen hat, begeben sich sofort in die kleine Küche, um etwas Scharfes zu kochen. Andere versammeln sich in einer Zelle, rauchen Selbstgedrehte, wieder andere stehen am Kickertisch und kicken, reißen krachend an den Stangen mit den kleinen Fußballern. Und oft, wenn einer der Beamten so freundlich war, einem Jungen die Kammer aufzuschließen, damit der den Fernseher auf einem Wagen in den Vorraum rollt, sitzen sie auf ihren mitgebrachten Stühlen bloß da und sehen fern.

Alle warten. Auf die Haftprüfung, auf Gerichtstermine, auf Verlegungen, auf die kommende Stunde, auf die Essenszeiten, auf die Freistunden am Nachmittag, auf den nächsten Tag. Die Geschichten, die unterdessen erzählt werden, sind Stückwerke aus Wahrheit, Scham und Lüge. Savio bastelt sie sich zusammen.

David, ein spacker, bebrillter Jugendlicher, der den Teufel anzubeten behauptet und mit entsprechenden Bleistiftzeichnungen seine Zelle tapeziert, spricht nur in düsteren Andeutungen. Einer, der weinerlich leidet und trotzdem kalte Augen hat, findet Savio. Er hat ihn einmal im Besucherraum mit dessen Eltern gesehen: einer Mutter und einem Vater, braven Leuten, gepflegt, sie Locken, dezente Schminke, Kostüm, Halskette, er Jackett und Schlips, glänzende schwarze Schuhe. Bekümmert haben sie umhergeblickt, mit dem gleichen Kummerblick wie der Sohn, haben Leckereien und Shampoo und Hautcreme angeschleppt und Wäsche, sie hat ihrem Jungen übers Haar gestrichen, und der Vater hat ihn zum Abschied kurz an die Brust gedrückt, fast hat er losgeflennt, doch die Augen sind trokken geblieben, immerzu hat er gezwinkert. Wahrscheinlich werden sie draußen gefragt, was denn der Sohnemann so macht, denkt Savio. Was sollen sie sagen? Wissen Sie, er sitzt im Knast, hat einen Obdachlosen mit einer Eisenstange erschlagen, sie waren zu viert und angetrunken, es kam so aus der Gruppe heraus, na ja.

Keiner erzählt genau, wie es gewesen ist, immer bekommt man Storys zu hören. Mirko ist Hilfsmörder, spielt den ehrlichen Dummen. Oder ist sogar einer. Ein blondierter – die Strähnen wachsen jetzt deutlich raus –, federnder, dünner Stricher, dessen Stammkunde, Manager einer Wohnungsbaugesellschaft, einen Mann erschossen hat. Er hat Mirko zu dem Mord mitgeschleppt, ohne ihm von seiner Absicht zu erzählen. Vielleicht war es auch gar keine, aber die Pistole hatte er dabei. Mirko ist also in der Wohnung des Opfers gewesen, und bevor sein Kunde geschossen hat, ist er mit dessen vierjähriger Tochter in die Küche gegangen, damit sie es nicht ansehen muß. Sie hat gezappelt und geschrien. Mirko gibt zu, er sei dabeigewesen, aber er wisse bis heute nicht, worum es da gegangen sei.

Hüsso, ein Zwischenhändler, hat sich mit zuviel Haschisch erwischen lassen und sitzt wegen Fluchtgefahr. Als ob er deswegen in die Türkei abhauen würde. Statt dessen befürchtet er, abgeschoben zu werden.

Alexander hat wegen seines filmreif guten, finsteren Aussehens den Spitznamen »Alexander Verbrecher« bekommen. Der geschmeidige Wohlklang des Namens schmeichelt ihm, trotzdem reagiert er darauf träge, unwillig, ein Gaunerkönig. Alexander ist groß, schlank und blaß. Allmorgendlich zieht er einen Seitenscheitel ins nasse Blondhaar. Seine graublauen Augen flackern, seine Lippen sind gleichmäßig und gerade, die weißen Zähne stehen perfekt, er wendet viel Zeit für Maniküre auf und putzt sich dreimal am Tag die Zähne. Er ist ein Sonnenflüchter und Kreditkartenbetrüger. Sein verhangenes Lächeln hat ihm das Kreditkartenvergehen oft erleichtert, er hat Schlag bei Verkäuferinnen. Seine Schwäche: Alexander ist bequem. Er hat eine Kochlehre angefangen und schon nach ein paar Wochen abgebrochen. Was er mag: Gut gekleidet in einer Hotelhalle oder feinen Einkaufspassage in einem großen Sessel aus Leder zu sitzen und in die sacht bewegte Umgebung zu blinzeln; Ecstasy im Techno-Schuppen mag er auch und einen gemächlichen Fick bei Tageslicht, natürlich mit einem Mädchen, das seiner Schönheit ebenbürtig ist. Alexander kommt aus Berlin-Hellersdorf, einer nicht unfreundlichen Wohngegend im Osten der Stadt, ethnisch einheitlich von hellhäutigen Deutschen besiedelt. Jetzt hängt er meist mit David herum und mit dem dicken Nazi Oliver, manchmal schließen sich ihnen auch die Polen an.

Ein zwanzigjähriger Tscheche namens Karol sitzt meist verweint im Gang. Er spricht deutsch, und daher wissen die anderen, daß er verheiratet ist und sich Sorgen um seine Frau in einer tschechischen Kleinstadt macht. Im Kaufhaus am Alexanderplatz hat er für sie zwei Flaschen Parfüm zu klauen versucht und ist erwischt worden. Weil bei einem Ausländer immer Fluchtgefahr angenommen wird, hat man ihn in Untersuchungshaft gesperrt. Er sitzt hier seit vier Wochen und wird noch eine Weile bleiben. Nach zehn Tagen hatte er sich die Handgelenke aufgeritzt und verbrachte zwei Tage im Bunker. Eine Weile trug er Verbände, jetzt sind es nur noch Pflaster. Er zeigt seine Not ohne Hemmungen. Savio hat einerseits Mitleid mit ihm, andererseits mag er diese Weichheit nicht, das Verheulte. Karol hat lange glatte Haare, und wenn sie ihm ins Gesicht fallen, streicht er sie mit einer gezierten Handbewegung hinters Ohr. Es muß auch was mit seiner Herkunft zu tun haben, glaubt Savio, in Berlin benimmt sich niemand so.

Und was erzählt Savio? Wer gar nichts erzählt, wird rasch eines Sexualdelikts verdächtigt, eines peinlichen womöglich. So peinlich wie die Geschichte, mit der Andi fistelstimmig und nuschelnd prahlt: Er will seine vierundsiebzigjährige Großmutter vergewaltigt haben und seine Schwester. Andi ist fast ein Zwerg. Lange filzige, schwarze Locken fallen ihm ins schiefe Gesichtchen mit dem schmalen Mund, der sich immerzu bewegt. Die schrägstehenden weißen Zähne wirken abgenagt, es sind nur Stummel. Man hat ihm hier im andern Haus gezeigt, was Recht und Gesetz ist. Andi erzählt es jedem, der es nicht hören will. Er sei ein Vergewaltiger und wurde vergewaltigt – »da haben sie mich gefickt, Alter, mit einem Schrubber« –, schön sei das nicht gewesen, aber so gehe es doch gerecht zu, und alles gleiche sich am Ende aus. Andi gilt als verrückt, aber Savio glaubt ihm. Wer erzählt so was freiwillig? Die Beamten sagen, Andi gehöre in die Klapper, der ist hier falsch, der ist krank.

Nein, in derart schmutzigen Verdacht will Savio nicht geraten. Um sich aber auch nicht als geizigen Halunken darstellen zu müssen, der wegen einer Zigarette einen Jüngeren umgehauen hat, erfindet er zum Knastgebrauch eine Rivalenstory: Ein Typ hat sich an seine »Chica« rangemacht, und er hat ihn ins Krankenhaus geschickt.

Tagsüber liegt Savio meist auf dem Bett. Spätestens ab sieben Uhr gibt es Betrieb auf dem Flur, da wird er von den Schlüsseln geweckt. Manchmal auch schon eher, wenn der Frühdienst die Lebendkontrolle mit Geräusch erledigt. Einige von der Station gehen rüber zu den Werkstätten, Holzspielzeug basteln oder Gießkannen grün lackieren, sie sind immerhin den ganzen Tag zusammen und haben eine Beschäftigung.

Pling-pling-pling-pling, zehnmal schnelles Pling. Pause. Pling-pling, wieder zehnmal. Ungefähr fünf Minuten lang wiederholt sich das Konzert. Die Tür zum Gang knallt zu, schwerer Männerschritt. Schlüsselklappern, jemand schließt das Betreuerzimmer auf. Wieder Türenknallen, leichtere, schnellere Schritte. Eine Frauenstimme zwitschert hohe Begrüßungstöne, Wörter sind nicht zu verstehen. Wieder die Tür, Savio hört sie immer nur zufallen. Platsch, der ewig wischende Hausarbeiter verteilt Wasser im Flur. Später hört man ihn an einer Zellentür hocken und mit einem Insassen murmeln. Pling-pling-pling, diesmal kommt es von gegenüber. Savio springt auf und zum Fenster. Im Haus vis-à-vis klopfen Beamte die Gitterstäbe ab, am Ton merken sie, ob jemand daran gesägt hat oder die Halterung angebrochen ist. In einigen Fenstern lehnen Burschen, die müssen sich was auf den Tisch gepackt haben, daß sie da so bequem lungern können. Sie unterhalten sich übern Hof. Savio wäre das zu kalt, er hat keinen Pullover dabei.

DANIEL VAN DER DEKKEN steht vor dem Spiegel und putzt sich die Zähne. Schsch-Schsch-Schsch. Er betrachtet sich und denkt: Wieso kann der Mensch morgens nicht ohne Aufquellungen im Gesicht aus dem Bett steigen? Ob ich doch an Milben leide? Mal wieder staubsaugen. Bett von der Wand abrücken. Dahinter werden sie sich tummeln: Milben. Mil-ben. Klingt gar nicht so eklig. Eher wie Rehe. Wie Rehe unter Eiben. Milben, Rehe, Eiben. Milben leben von toten Hautschuppen, die sie in den Betten finden. Ob Rehe auch Milben haben? Die haben ja keine Betten. Schliefen Rehe in Betten unter ihren Eiben, knusperten Milben die Hautschuppen. Sechsbeinig, durchsichtig, mit riesigen Mündern. Im Vergleich zum Körper jedenfalls. Ärx. Aber nicht heute. Vielleicht saugt er am Wochenende. Tagsüber sieht man den Staub besser.

Van der Dekken beugt sich übers Waschbecken und spült mit den Händen Wasser in den Mund. Hochkommend bleckt er die Zähne, prüft sie im Spiegel. Zahnseide, nachspülen. Er streckt sich die Zunge raus. Der Zungenbelag geht nicht weg, und während er noch einmal Zahnpasta auf die Bürste drückt, krabbelt sechsbeinig Verzweiflung aus dem Verlies, wo die Sorgen wohnen: Eine Riesenmilbe wedelt mit Bildern von angewesten Menschen ohne Zunge. Sie stützen ihren Unterkiefer mit einer Hand, drücken mit den

Fingern die blutleeren, faltigen Lippen zusammen, während die andere Hand einen roten Strohhalm hält, der zur hohen, mit lustigen Schäfchen bedruckten Tasse gelbgrünen Tees führt, über die geneigt sie dahocken in einem weißen, hinten mit Bändern verschlossenen Nachthemd, aus dem hellgraue, von braunen Flecken übersäte Haut rausguckt. Krebs.

Vor vier Wochen hat er einen Artikel darüber gelesen in einem Gesundheitsmagazin: die Spalte mit den Tips. Erst hat er das Magazin entschlossen zum Altpapier gelegt. Nicht noch mal so was, denn gerade hatte er eine Kopfhautgeschichte hinter sich. Nach Wochen größer werdender und sich ins Unerträgliche steigernder Besorgnis meinte der schließlich aufgesuchte Hautarzt, die kleinen Pickel auf dem Kopf hätten ganz viele Leute, und verschrieb ihm ein Elixier, das die Apotheke zum Preis von 9,80 Mark binnen drei Stunden mixte. Dieser niedrige Preis beruhigte van der Dekken. Ärzte wiegeln immer ab, doch 9,80 Mark, na bitte. Diesmal war es wirklich eine Lappalie, Schwein gehabt. Aber nach Berichten im Fernsehen über Ebola und Rinderwahn hat er die Zeitung mit dem Zungenbericht wieder hervorgezerrt und erneut studiert, in der Hoffnung, eine entwarnende, zur Gelassenheit auffordernde Zeile übersehen zu haben. Vielleicht wird Zungenkrebs von den Medien einfach nur weniger populär behandelt. Gegen eine Brustamputation kommt eine Zungenextraktion nicht an. Der verbreitetste Krebs soll ja Darmkrebs sein, aber auch davon hört man wenig, weil seine Folgen nicht eben unterhaltsam sind. Doch umsonst Zeile für Zeile repetiert – van der Dekken hat keine beruhigenden Worte gefunden, sondern zwei alarmierende: »Anzeichen« und »zunehmend«.

Als er an jenem Abend in den Spiegel gesehen und den Belag auf seiner Zunge bemerkt hat, bürstete er wie empfohlen darauf herum, konnte aber keinen Erfolg feststellen. Er schlief erst spät ein. Wollte sich am nächsten Tag einen Schleimschaber aus der Apotheke besorgen, traute sich dann aber nicht, weil er sich vor dem Ergebnis der Schabungen gruselte. Er hätte das Schabmaterial auch nicht wegwerfen dürfen, weil er damit Untersuchungsmaterial vernichtet und den schrecklichen Befund nur hinausgeschoben hätte. Oder auch nicht. Diese Ungewißheit!

Jetzt läßt er das Wasser durch die Zähne zischen, reibt die Zunge am Gaumen hin und her, so stark, daß er plötzlich, von Würgereiz überrascht, ausspuckt. Seit vier Wochen sorgt er sich um die variierenden Farbtöne des Zungenbelags: mal mehr grau, mal ganz weiß und letzthin sogar grün, aber als Ursache für diese bedrohlich wirkende Verfärbung ist ihm schnell der gerade geleerte Spinatteller eingefallen. Manchmal bilden sich beunruhigend landkartenhaft geformte Flecken frei von jeglichem Belag, und dann sucht van der Dekken mit herausgestreckter Zunge dicht vor dem Spiegel nach schwärenden Wucherungen oder ob an diesen roten Stellen vielleicht schon rohes Fleisch zu sehen ist. Spürt er den Schmerz noch nicht oder nicht mehr? Risse, überall Risse, aber so sehen Zungen wohl nun mal aus, vornehmlich ältere, man kriegt ja sogar am Rücken Falten. Eine Rinderzunge hat noch tiefere Risse, ist aber nicht belegt wie seine. Kann mir das egal sein? fragt er sich, hoffnungsvoll nach ein wenig Gleichgültigkeit in sich hineinlauschend. Bis die Scheibe beschlägt.

Ohnehin geht's ihm nicht gut. Letzte Nacht hat er geträumt: Auf einer kleinen Wochenend-Wanderschaft in einem winterlichen Wald gelangte er auf eine Lichtung, die unversehens zur Schneewüste wurde. Er verirrte sich. Als es dunkelte, fand er eine Höhle im Schnee mit einem schmalen, wie für Menschen gemachten Eingang. Er ging hinein, kringelte sich in eine Ecke und schlummerte bald. Am Morgen war es hellblau: Sanftes Licht drang durch die Wände eines Tunnels aus festgefügtem Schnee. Er lag am geräumigen Ende des Ganges in einem Schlafsack, und unter ihm war der Boden gemütlich, ja komfortabel mit gelbem, rotem und braunem Laub bedeckt wie in einem spätsommerlichen Frühherbstwald, trocken, doch nicht verdorrt. Er drehte sich um und entdeckte neben sich das IRA-Mitglied Rory aus dem Film »Vertrauter Feind«, ebenfalls in einem Schlafsack liegend. Rory schlief noch, und dicke, blonde, glatte Strähnen waren über sein Gesicht gefallen.

Fast hätte er jetzt im Bad zu weinen angefangen, so mitgenommen fühlte er sich. Er hätte so einen Burschen gerne zum Freund, auf einer abenteuerlichen Reise durchs ewige Eis oder als Beistand auf der Krebsstation. Auf der Reise in die Unendlichkeit. Wieder würgt er. Nicht immer nur Kollegen um sich haben. Apropos, er muß sich sputen.

Van der Dekken eilt in die Küche, stürzt eine Tasse Kaffee hinunter, den er noch vor dem Zähneputzen aufgesetzt hat, eilt zurück ins Schlafzimmer, wechselt die Nacht-Boxershorts gegen die Tag-Boxershorts, verfährt ebenso mit dem T-Shirt und kleidet sich in Jeans und blaukariertes Hemd und einen schwarzen Pullunder, eilt durch die Wohnung und löscht in den Zimmern das Licht, sieht im Spiegel, daß die Quellungen nur wenig nachgelassen haben, wirft eine Jacke über, greift eine Aktentasche, in der sich ein Kugelschreiber und ein sogenannter Chefkalender befinden sowie ein paar Krügerol-Bonbons, klopft sich, das Vorhandensein von Brieftasche und Kleingeld prüfend, an Brust- und Hosentasche, schnappt das Schlüsselbund und verläßt die Wohnung. Der Morgen geht auf acht Uhr zu und wird kaum hell, hinter der Nebelwand stemmt eine schlappe Sonne an Winterwolken herum.

Daniel van der Dekken hastet unter Tage, reiht sich in den Strom der werktätigen, mürrischen U-Bahnbenutzer und ächzt in der Seestraße wieder die Treppen hoch, um kurzen, schweren Schritts zum Bus zu tappen, der ihn nach Plötzensee bringen wird. Von der Haltestelle geht er den Friedrich-Olbricht-Damm entlang, eine Straße, die fast nur von Knästen gesäumt ist. Nach der Gedenkstätte rechts der Männerknast für Kurzstrafer und Freigänger, links der ursprünglich für Terroristen gebaute, später als Frauenknast benutzte und heute für Männer erneut umgewandelte Hochsicherheitstrakt, der von außen genauso aussieht, wie sich die DDR von innen zeigte: Mauern, Türme, Stacheldraht, und hinter dem Offenen Vollzug für Jugendliche rechterhand die Jugendstrafanstalt, die der Gruppenleiter Daniel van der Dekken nun durch den Diensteingang betritt. Er schiebt seine Messingmarke durch den Schlitz im Glasfenster der Wache, woraufhin er sein Schlüsselbund ausgehändigt bekommt.

»Morjen.«

»Morjen.«

Und Daniel van der Dekken schließt sich in sein Revier vor, links die Aktentasche, rechts am ausgestreckten Arm den längsten der Schlüssel, den für die Gangtüren. Mehrmals in der Minute werden sie benutzt, den lieben langen

Tag lang, auf und zu, auf und zu, weshalb metallene Trichter um das Schlüsselloch gelegt sind – van der Dekken könnte den Schlüssel blind hineinstoßen. Aufschließen, beim Rausziehen des Schlüssels die Tür mit aufziehen, sie beim Durchgehen wieder zuziehen, Schlüssel wieder rein, zuschließen. Manchmal nimmt er den Fuß zu Hilfe, wenn eine Tür aus dem Rahmen federt, bevor er den Schlüssel drehen konnte. Eine nach der anderen schließt er auf, schließt er zu, und wenn er jemandem begegnet, schaut er unwillkürlich auf dessen Hand – hat er einen Schlüssel, gehört er dazu?

In Haus 3 steckt Daniel van der Dekken den Kopf in die Tür der verglasten Hauszentrale, in der zwei uniformierte Beamte sitzen –

»Morjen.«

»Morjen.«

»Morjen.«

»Gab's was?«

»Nö, allet ruhich.«

– stiefelt sodann die Treppen hoch, an einem Hausarbeiter vorbei, der die Stufen mit Wasser benetzt, einem zwanzigjährigen Araber in blauer Anstaltskleidung –

»Guttn Morgen, Herr Wannadeggn! Wie geht's?«

»Jaja, Morjen.«

»Kann ich nachher mal kommen zum Sprechen, wegen Problem?«

»Du weißt doch, daß du einen Vormelder schreiben mußt.«

– um derart unterwegs belästigt endlich in seinem Büro einzutreffen. Jacke in den Schrank, Blick in den Spiegel, nun ist er von der Kälte auch noch rot, und vom Treppenlaufen glänzt die Stirn. Abwischen und erst mal hinsetzen und ein wenig ausschnaufen. Dann wird die Kaffeemaschine zum heimeligen Brodeln vorbereitet, er holt Wasser aus der Gefangenenküche, kein Mensch ist zu sehen, die großen, gelben Zellentüren sind geschlossen. Frühstück braucht der Mensch. Telefon. Kann klingeln. Während die Kaffeemaschine ihr Tröpfelwerk beginnt, geht Daniel van der Dekken mit einem blaugerandeten Teller aufs neue los, runter und über den Hof in das Hauptgebäude, wo sich die Kantine befindet, den ganzen Weg für ein Salamibrötchen, ein Schinkenbrötchen und ein Eibrötchen sowie eine Quarkschnecke, die er eigentlich erst nachmittags essen will, aber schon in zwei Stunden verputzt haben wird, weshalb er nachmittags noch einmal in die Kantine muß, um sich mit einem, nee, dafür lohnt ja der Weg nicht, mit zwei Stück gedecktem Apfel zu versorgen, aber bis dahin ist der Tag noch lang. Jetzt erst mal sich am Schreibtisch hinsetzen. Er beißt in ein Brötchen. Bißchen viel Butter unterm Ei. Er kaut. Irgendwie jucken die Knie in letzter Zeit. Das kann doch nicht normal sein, so trockene Knie. Muß man vielleicht mal eincremen. Aber womit? Nicht selbst herumdoktern! Die nächsten Tage dann doch zum Arzt. Salben. Gesalbte Knie.

NACH ZWEI TAGEN – Tagen, an denen Savio nichts über den Fortgang seiner Sache erfahren hat – wird seine Zelle außer der Reihe geöffnet.

»Savio Kuszcz? Dann komm mal mit.«

Der Mann trägt keine Uniform. Er ist über fünfzig, beleibt, weißblondes Haar, Sommersprossen um die Nase, guckt mürrisch. Savio hat auf dem Bett gelegen, er zieht sich schnell Schuhe an und geht, den Gürtel enger schnallend und den Pullover glatt über den Hosenbund ziehend, an dem Mann vorbei, der wartet, um wieder abzuschließen. Dann folgt er ihm in ein Büro. Der Mann deutet auf einen Stuhl neben seinem Schreibtisch und läßt sich selbst auf einen kleinen Drehsessel fallen.

So, wie sie dasitzen, fühlt Savio sich ein bißchen wie beim Arzt. Auf dem Schreibtisch des Dicken ein paar dünne rosa Aktenordner und drei Kugelschreiber, daneben ein Telefon mit einer zusätzlichen Hörmuschel. An der Wand ein Plakat mit Herbstwald. Im Zimmer stehen noch ein Bücherregal und zwei hohe Schränke und auf einem zweiten Tisch eine Tasse mit der Aufschrift »Entscheidungsträger«, rot unterstrichen, außerdem ein Teller mit Krümeln. Hinter dem Mann hängt eine kleine Tafel, in der handgeschriebene Namensschildchen stecken. Savio entdeckt den eigenen Namen neben der Nummer seiner Zelle. Unter der Tafel ein verblichener großer Zettel mit dem schnörkelig umrahmten Aufdruck: »Unmögliches erledigen wir sofort, Wunder dauern etwas länger.«

Daniel van der Dekken hat eine dünne Akte aufgeschlagen. Er studiert die erste Seite, lehnt sich dann belesen zurück und guckt Savio an.

»Savio Kuszcz. Spricht man doch so aus, oder?«

»Hm.«

»Ich bin dein Sozialarbeiter. Ich heiße van der Dekken.«

Savio macht höflich »Aha« und nickt.

»Du hast dir ja ganz schön was geleistet, um es mal lax zu sagen.«

Savio zuckt die Schultern und schlägt die Augen nieder.

Der Mann räuspert sich und beugt sich vor. »Du hast einen anderen Menschen verletzt.«

Savio hebt vorsichtig den Blick.

»Du hast einen Menschen verletzt, du hast ihn geschlagen, und du hast ihn mit einer Waffe bedroht. Du hast sein Leben bedroht. Sein Leben.«

»Ich hatte keine Waffe.«

»Ich würde an deiner Stelle hier nicht so – so ungerührt auftreten.«

Savio zieht bekümmert die Augenbrauen hoch.

»Ich weiß gar nicht, ob dir klar ist, was du getan hast. Du hast dich über das Grundgesetz hinweggesetzt. Weißt du überhaupt, was die Unverletzlichkeit des Lebens bedeutet?«

Savio senkt den Kopf. Mit Gesten kann man nicht viel falsch machen. Er schnauft leise, wartet ab.

Daniel van der Dekken lehnt sich in seinem Sessel wieder zurück und hebt die rechte Hand, flach schwebt sie überm Schreibtisch. »Die Unverletzlichkeit des Lebens ist ein hohes, ein hohes Gut.« Er spricht laut und mit gepreßter Schärfe. Plötzlich läßt er seine Hand auf Savios Akte klatschen. »Und du hast dieses Gut verletzt. Du mußt damit rechnen, daß dich die ganze Härte des Gesetzes treffen wird.«

Erschrocken schaut Savio wieder auf.

Van der Dekken beginnt sich warm zu reden. Sportlich hievt er ein Schienbein auf den Oberschenkel, muß es jedoch am Knöchel festhalten, damit es nicht abrutscht, die Haltung ist ihm unbequem. Eine Weile verharrt er so, dann stellt er den Fuß zurück auf den Boden und rollt an den Tisch, so weit der Bauch es zuläßt. Er kommt auf die Sinnlosigkeit eines ungenutzten Tages zu sprechen und bezieht, nach einem schnellen Blick auf die im Haftbefehl festgehaltene Tatzeit, die Nacht mit ein, welche zum Schlafen da sei, denn nur am Tage scheine die Sonne, und die Sonne, ja, der Kunstgriff fällt van der Dekken gerade ein, genau diese Sonne sei es, welche die Verbrechen der Nacht ans Licht bringe. Schön gesagt, ja. Kann man sich merken. Öfter anwenden. Gute Formulierung. Er kratzt sich am Knie. Drückt den Rücken durch und nestelt am Hemdkragen, während Savio vor ihm zusammengesunken ist, manchmal nickt und ihn anguckt, als glaube er ihm jedes Wort. Van der Dekken weiß, daß das nicht stimmt, aber weil er vorhat, das Desinteresse des Jungen zu einem weiteren Thema seiner Rede zu machen, sagt er:

»Das Wort Verbrechen hört sich schlimm an, es ist ein hartes Wort, sicher, aber schließlich«, er beugt sich zu Savio vor, »ist deine Tat –«, wieder setzt er eine Kunstpause, »eine Raubtat.« Er lehnt sich abermals zurück, wobei sein Blick zum Fenster schweift: »Und das ist ein Verbrechen. Bei Erwachsenen wird schwerer Raub mit Körperverletzung mit einer Freiheitsstrafe nicht unter fünf Jahren bestraft.«

Savio schweigt.

»Maximal zehn.« Van der Dekken wendet sich ihm wieder zu. »Du hast bis jetzt noch gar nichts gesagt, Savio Kuszcz. Ich weiß nicht, ob dich das beeindruckt. Mich an deiner Stelle würde das beeindrucken. Aber ein Gefängnis für Erwachsene ist auch etwas anderes. Dagegen sind wir hier ja bloß ein Kindergarten. Sitzt du wohl auf einer Backe ab. Ganz cool.«

Savio zieht die Stirn in Falten und versucht, ängstlich zu gucken, ohne Übertreibung, eher besorgt. Verhalten besorgt.

»Aber dich interessiert das natürlich nicht.«

»Doch.«

»Bitte?«

»Ähem. Also mich interessiert das.«

»So. Dich interessiert das. Interessiert dich auch der Mensch, den du verletzt hast? Weißt du überhaupt, wie es ist, auf offener Straße seiner Unverletzlichkeit und Würde verletzt zu werden?«

»Beraubt« hätte er eigentlich sagen müssen, aber auf einmal findet er das unpassend. »Raub« ist zwar ein juristischer Begriff und beschreibt als solcher etwas Häßliches, Schmerzhaftes, Gemeines. Doch das Wort klingt sympathisch. Räuber kommen in Bilderbüchern vor, menschenfressende Wölfe werden erlegt, obwohl sie sprechen können, Könige werden hingestreckt, Zyklopen erschlagen, nie ist von Mord die Rede. Butterbrote dagegen werden geraubt wie Prinzessinnen. Die gleiche Wortwahl wie im Gesetz. Also sagt man besser »Raubtat«. Hört sich ernsthafter an als »Raub«. In den komplizierten Sätzen, die der in Eifer geratene van der Dekken nun zu erwandern beginnt, verläuft er sich. Beginnend mit Fragen, die forsch in Behauptungen moralischer Natur einmünden, gerät er an Kreuzungen, wagt aber nicht, anzuhalten und mit einem vulgären »äh« zu unterbrechen, sondern stiefelt einfach weiter. Irgendwie.

Savio läßt die Schultern hängen, seine Hände liegen im Schoß, seine Haltung drückt Demut aus. Während Daniel van der Dekken über das Trauma des Opfers, überhaupt aller Opfer spricht, kommt Savio ein Gedanke: Sollte er nicht fragen, ob er in eine Doppelzelle kann? Lange wägt er die Vor- und die Nachteile gegeneinander ab und entscheidet sich schließlich gegen die Langeweile des Alleinseins. Wenn der Sozialarbeiter fertig ist, will er ihn um eine gemeinschaftliche Unterbringung bitten.

Währenddessen ist Daniel van der Dekken den Hügel der Allgemeinheiten hinuntergewandert, an dessen Fuß ein Redner den Schwung verliert. Er geht zur Praxis über.

»Ich sage dir einige Grundsätze, die hier in der Jugendstrafanstalt einzuhalten sind. Erstens hast du den Anweisungen der Beamten ohne Diskussion Folge zu leisten. Das ist das Wichtigste. Wenn es Beschwerden gibt, dann hinterher. Daß das klar ist!«

Savio nickt.

»In deinem Haftraum hast du auf Ordnung zu achten und auf Sauberkeit.«

»Ich hab schon gewischt, der eine Schließer hat mir alles gegeben.«

»Wir haben hier keine Schließer. Und auch keine Wärter. Wir haben Gruppenbetreuer. Oder Beamte. Das solltest du dir merken. In deinem eigenen Interesse.«

»Hm, ja.«

»Wenn du mit mir sprechen willst, schreib einen Vormelder. Ich bin dein Ansprechpartner und werde dir helfen, die Zeit hier durchzustehen. Ich weiß, daß das nicht einfach ist, ich arbeite hier schon sehr lange, da, wo du jetzt sitzt, haben schon viele junge Männer gesessen. Ich kenne die Probleme. Also wenn du darüber reden willst, dann schreib einen Vormelder.«

»Ja.«

»Vormelderformulare gibt's beim Betreuer.«

»Hm-hm.«

»Hast du deine Buchnummer? Das ist der braune Zettel,

den du bekommen hast. Die Buchnummer immer auf den Vormelder schreiben, ist ganz wichtig, die Nummer.«

»Mach ich.«

»Fragen?«

Er habe da noch eine Frage, nämlich – Savio spricht ein bißchen umständlich in dem Bemühen, keine Patzer mehr zu machen –, er habe also noch die Frage, ob er nicht auf eine Doppelzelle ziehen könne.

Wie er zu diesem Wunsch komme, will van der Dekken wissen.

Na ja, antwortet Savio, es sei schon etwas einsam, so allein. Wenn man mal mit jemandem quatschen könnte, wäre das bestimmt besser.

»Wünsche, Forderungen«, schnauft van der Dekken. »Na gut. Schreib einen Vormelder. Wir werden sehen. Erst mal geht's zurück in den Haftraum.«

AN EINEM DIENSTAG hat Savio seinem Pädagogen den Wunsch eröffnet, mit einem Mitgefangenen zusammengelegt zu werden. Einen Vormelder zu schreiben ist er zu faul, aber am Freitag schon schleppen zwei Hausarbeiter ein zweites Bettgestell herein, das sie mit Schrauben auf Savios Bett montieren. Außerdem wird ein zweiter Stuhl hereingereicht. Der Verwaltung sind Wünsche nach Doppelbelegung recht, weil die Anstalt, ihre Kapazität überschreitend, ohnehin zu Doppelbelegungen gezwungen ist.

»Kriegst was zum Liebhaben, Savage«, sagt einer der Hausarbeiter, mit dem er sich angefreundet hat.

Zwei Stunden später, als Savio kreuzworträtselnd am Tisch sitzt, wird die Zellentür neuerlich aufgeschlossen. Ein junger Mann tritt ein, lang und dünn, stoppelhaarig, in

Trainingshose, Pullover und Turnschuhen. Auf dem Rükken ein Sack mit seinen Sachen.

»Hi.«

»Hi.«

Der Neue läßt den Sack auf den Boden plumpsen und stakst darüber hinweg zwei Schritte auf Savio zu. Man reicht sich die Hände und stellt sich kurz und trocken vor. André steht erst mal nur so da und sieht sich um.

»Oben ist dein Bett.«

»Zu dir wollte ich auch nicht kommen.«

Beide grinsen.

»Was hat dich hergetrieben?«

»Hergetrieben, geil«, André zieht belustigt die Augenbrauen hoch. »Ich hab 'n 230er.«

»'n was?«

»Paragraph 230 Strafirgendwas: Wenn du nicht zum Termin gehst, kann dich der Richter einbuchten. Das hat er getan.«

»Einfach so?«

»Na ja, ich war öfter nicht da. Jetzt will er das Vergnügen meiner Bekanntschaft machen, hört sich gut an, was?«

»Was hast 'n angestellt?«

»Abziehen, Diebstahl, Kellereinbruch, Körperverletzung, such dir was aus.«

André hat den Überblick schon lange verloren: Der Jugendrichter hat ihn verhaften lassen nicht nur wegen diverser offener Anklagepunkte aus den vergangenen zwei Jahren, sondern auch, weil André Auflagen aus dem letzten Gerichtsurteil verletzt hat. Er hat eine berufsausbildungsvorbereitende Ausbildung abgebrochen und sich bei der Bewährungshilfe nicht blicken lassen. Er ist zu Hause wohnen geblieben und hat sich somit nicht dem ungünstigen Einfluß seiner alkoholabhängigen Mutter und seines wegen Gewaltdelikten vorbestraften großen Bruders entzogen. Außerdem hat er sich keinen Platz im Betreuten Jugendwohnen besorgt.

Am späten Nachmittag, nach dem Essen, lagern die beiden Delinquenten auf ihren Betten und halten Nachmittagsruhe. Andrés Wäschesack liegt noch unausgepackt herum. Es ist warm in der Zelle, obwohl das Fenster durch einen Spalt Winterluft hereinläßt. Auf dem Tisch steht eine Thermoskanne. Sie hatten Kaffee, wenn auch nur löslichen, denn André ist gut ausgestattet. Er hat auch Filterzigaretten mitgebracht.

»Schnarchst du eigentlich?« fragt Savio.

»Nee, du?«

»Nee.«

Pause.

»Ich red manchmal nachts«, sagt André.

»Worüber?«

»Weiß nicht. Kann man nicht verstehen.«

»Solange du nicht schreist.«

»Oder solange ich nicht runterpisse.«

»Biste undicht?«

»Vielleicht.«

»Dann wachst du nicht mehr auf.«

»Okay.«

Pause.

»Und zappel nicht so beim Wichsen«, sagt André.

»Okay, ich geh dann aufs Klo.«

»Ist gut.«

Pause.

»Sag mal, spielst du Schach?« fragt Savio.

»Haste Brett?«

»Im Beamtenzimmer gibt's eins, können wir uns ausleihen.«

»Gebongt.«

Später am Tisch erzählt André vom Knast in Frankfurt an der Oder, den früher die Stasi benutzt hat. Man habe dort abends vier Stunden Aufschluß gehabt, von fünf bis um neun. Um die Zeit seien sie alle draußen gewesen, auf dem Flur. Am Anfang sei es ohne Freunde schwer gewesen, denn es gebe eine klare Hierarchie. Man müsse sich hocharbeiten unter den Gefangenen. Man könne sich durch Prügeln Einfluß verschaffen oder durch Kohle. Wie, Kohle? fragt Savio nach, dürfe man dort Geld haben auf der Zelle? Nein, im Knast gebe es doch eine eigene Währung, den Tabak. Mit Tabak werde zum Beispiel Schutzgeld bezahlt. Wer Schutzgeld zahle, rücke in die Position eines Adjutanten auf. Aus André spricht Gefängniserfahrung:

»Schutzgeldziehen war total einfach, Mann. Ich hab zu so 'nem Jungen gesagt, ej, gib Schutzgeld, und der hat mir 'ne Schachtel Zigaretten gegeben und 'n Kombi und Blättchen. Sonst hätt' ich ihm auf die Fresse gehauen.«

»'n was?«

»Was?«

»Was 'n Kombi?«

»'n Pack Tabak, Mann. Na, und wenn dir langweilig ist und es kommt 'n Neuer rein, der Angst hat, na dann haben wir ein bißchen Fotze mit dem gespielt, ihn putzen lassen und so, weißte. Und einer mußte immer Musikbox spielen, also sich in einen Schrank stellen und singen. Der hat das glatt gemacht, ›Alle meine Entchen‹ hat der gesungen. Wir haben so abgelacht, Mann. Und dann haben wir die Nazis von oben ans Fenster gerufen, also die Glatzen da, und die haben voll abgefeiert. Der Typ hatte so lange Haare, na ja, da hab ich gesagt, du siehst ja aus wie 'n Jude, Alter, hier kriegste gleich auf die Fresse, wenn du so aussiehst. Ich hab ihm 'ne Glatze geschnitten, und er hat sich nicht gewehrt.«

»Und die Bullen haben das nicht mitgekriegt?«

»Ej, du warst wohl noch nie vorher im Knast, wa? Merkt man. Die Bullen sind doch, na, wie sagt man das, na korrupt sind die. Da gibt's 'n Schließer, der heißt Goldkettchen. Über uns waren Polen, die haben Streß gemacht, da hat sich Goldkettchen 'n paar Nazis genommen und hat die Nazis Polen klatschen lassen. Und dann war Ruhe bei denen. Und solange die Knackis alles unter sich regeln und keinen Ärger machen, halten die Bullen die Schnauze.«

Inzwischen ist es Abend geworden. Beide schweigen, hängen Grübeleien nach. Savio hat fürs erste genug gehört. Polen klatschen – seine Phantasie arbeitet visuell. Und was er hier nie zugeben würde: Ihn befremdet, ja ekelt schon die eigene Brutalität, sobald er nur an die Sache in der Kuglerstraße denkt. Er fühlt sich aufgerieben, wenn er allein ist mit seinen sich überschlagenden Gedanken, nachts, wenn das Hirn andere Bilder an die Stelle von Fenster und Gitter setzt, von Tisch, Schrank, Wand und Doppelstockbett, wenn auch Simita auftaucht, die er tagsüber vergißt, sein Zimmer, sein breites Bett, wenn er sich nach Jenny sehnt, nach ihrer glatten Haut, wenn er sich fragt, was werden wird.

In der Nacht wacht er auf und hört André im Bad schnaufen. Der macht »Aah« und »Pfffh arrgh«, und Savio hört die Klospülung, und dann kommt er wieder rein und steigt auf sein Bett.

»Wie war sie?« kann sich Savio nicht verkneifen zu fragen.

»Ich hatte beide, danke, Kumpel.«

André ist eine gute Ablenkung für Savio, nach wenigen Tagen sind sie eingespielt. Für André hat dieser Knast beinahe was Erholsames, zudem ist seine Zeit befristet, die Verhandlung schon angesetzt. Savio übernimmt ein bißchen von der Laxheit des Zellengenossen. Denkt er nicht an das drohende Gerichtsverfahren? Savio ist nicht vorbestraft, jeder sagt ihm, daß er hier bald rauskommen werde.

EINES NACHMITTAGS, gerade ist Aufschluß, stehen Savio und André an einem Fenster und blicken in den Hof. Das Fenster, es ist das neben Daniel van der Dekkens Büro, sitzt eng in einem Mauerspalt, es ist verschlossen. Ihre Köpfe berühren sich, denn sie müssen die Gesichter dicht an die schmale Scheibe halten, um das Heck eines Polizeiautos vor dem Hauseingang sehen zu können.

»Auf'm Tisch bei uns steht noch 'ne Milchtüte.«

»Das is deine, Savage.«

»Is nich mehr viel drinne. Ich würd's verschenken.«

»Du bist so großzügig.«

»Ja, Polizisten brauchen doch ihre Milch.«

»Stimmt.«

»Und Polizisten brauchen Vitamine.«

»Du meinst, sie brauchen ihre tägliche Portion Aufbaustoffe und so.«

»Die müßten genau unterm Fenster von den Polen parken.«

»Ich hol die Milch, du checkst die Lage bei den Polen.« André trinkt in der gemeinschaftlichen Zelle einen Schluck aus der Tüte, füllt sie aus dem Wasserhahn auf und geht zur Zelle der Polen. Dort steht Savio schon am Fenster, die beiden Polen spielen Tischtennis auf dem Gang.

»Gib her.« Savio möchte werfen, der jüngere André läßt ihn gewähren.

Die Milchtüte paßt gut durchs Gitter, platsch, es gibt nur diesen einen Ton und oben das unterdrückte Quietschen wie von zwei Neunjährigen, die sich blitzartig aus der Zelle verziehen, kaum mehr wahrnehmend, daß im gegenüberliegenden Haus das Johlen der Zuschauer anhebt, deren Lärm auch andere Insassen an die Fenster lockt. Savio setzt sich vor den Fernseher auf einen freien Stuhl, und André geht zum Kickertisch – ob die Polizei sich die Arbeit machen wird, alle sechzehn Gefangenen auf der Station zu vernehmen, Aussagen zu vergleichen, nochmals zu vernehmen? Es ist kein Risiko dabei, die Schnauze zu halten.

DANIEL VAN DER DEKKEN geht am Nachmittag gern einmal zu Kollegen in ein anderes Haus, um sich fachlich ein wenig auszutauschen. Gestern in der Kantine hat man sich für heute vierzehn Uhr verabredet, diesmal im Büro Simones, einer jüngeren Kollegin, die erst vor einem Jahr, frisch von der Fachhochschule, dazugestoßen ist.

Bernt ist auch erschienen. Gruppenleiter Bernt Klobsch ist so alt wie van der Dekken, verheiratet und Vater von zwei pummeligen Töchtern, ein rundlicher Mann mit Halbglatze, der gern redet und schon zwanzig Jahre in Gefängnissen arbeitet, anfangs noch in Moabit. In seiner Freizeit betätigen er und seine Frau sich als Juroren bei Rassehundeveranstaltungen, Schwerpunkt: Pudel.

Die Kaffeemaschine gurgelt, gluckst, dann röchelt sie.

»Mir ist in den letzten Tagen aufgefallen«, sagt Bernt, »daß wir kein richtiges Kennzeichnungssystem an den Zellentüren haben.«

Simone versteht nicht, welches System er meint.

»Na, die Punkte an den Türen. Rot für Beobachter, Schwarz für Gewalttätige und so weiter. Wie in Moabit.«

Da Simone noch immer nicht versteht, erklärt ihr Bernt, daß es in Gefängnissen für Erwachsene eine eigene Symbolsprache gibt, um Besonderheiten im Umgang mit Gefangenen zu kennzeichnen. Wenn die Staatsanwaltschaft über einen Insassen beispielsweise eine Kontaktsperre verhängt, weil sie ihn verbotener Außenkontakte verdächtigt, dann gelangt diese Anordnung über die Vollzugsgeschäftsstelle der Strafanstalt und das Sicherheitsbüro sowohl zur Alarmzentrale als auch zum Sozialdienst. Auf der Übersichtstafel im Stationszimmer bekommt das Kärtchen mit dem Namen des Gefangenen einen grünen Punkt, ebenso seine Zellentür, damit auch der Beamte, der die Karteikarte nicht vor Augen hat, die Anordnung beachten kann und den Insassen nicht versehentlich zum gemeinschaftlichen Essen oder zum Sport hinausläßt. Auch die tägliche Stunde Hofgang muß organisiert werden. Und steht ein Gefangener mit Kontaktsperre unter Beobachtung, auch wegen des Verdachtes möglicher Selbstverletzung oder gar Suizidversuchen, werden zwei Punkte an die Zellentür geklebt, ein roter für stündliche Kontrollen durch den Beamten und der grüne für das Gemeinschaftsverbot.

»Und wo ist das Problem?« fragt jetzt Simone.

Bernt nickt. »Na ja, das Problem stellt sich dann, wenn einem Gefangenen durch die Staatsanwaltschaft keine besonderen Haftbedingungen auferlegt wurden, wir aber

Maßnahmen ergreifen wollen, etwa um uns zu schützen, obwohl die kritischen Anzeichen noch nicht in den Bereich der Anzeigepflicht gegenüber der Aufsichtsbehörde fallen.«

»Wie meinst du denn das jetzt wieder?« fragt Simone.

Bernt verweist auf den Insassen Andreas Manierlich in der Gruppe von van der Dekken, über den man sich wohl einig sei, daß er gar nicht in eine Haftanstalt gehöre, sondern in die Psychiatrie. »Wenn der plötzlich austickt, da rechnest du doch gar nicht mit, was machst du denn da? Also als Gruppenleiter? Hinterher wirft man uns dann vor, daß wir nicht gewarnt, vielleicht sogar Anzeichen übersehen haben. Daher sollten wir das für uns, intern, ein Stück weit transparenter und nachvollziehbarer machen.«

»Ich finde das sehr interessant, Bernt«, sagt van der Dekken.

»Besteht da aber nicht die Gefahr, daß wir die Gefangenen noch stärker stigmatisieren?« fragt Simone besorgt.

»Du denkst viel zu weit, Simone«, sagt Bernt, »ich möchte ja nur anregen, daß wir mal überlegen, ob wir nicht für solche Fälle ohne große Bürokratie einen eigenen Vermerk machen können.«

Van der Dekken denkt sogar noch weiter. »Wir müßten vielleicht Kombinationsmöglichkeiten mehrerer Merkmale finden, die wir in einem Punkt vereinen könnten. Also den Punkt vierteln oder so, mit verschiedenen Farben. Wir behandeln ja die Jugendlichen differenzierter als die Moabiter Insassen. Das als Stigmatisierung zu betrachten halte ich für parteiisch, nur eben für die falsche Seite. Wir müssen zuerst an die Sicherheit der Bediensteten denken. In Moabit gibt's ja auch noch eine Kennzeichnung für die besonders gefährlichen Gefangenen, die man nur zu zweit aufsuchen darf.«

»Das mit der Differenzierung ist ein guter Gedanke, so was schwebte mir auch schon vor. Man könnte dann in der Anfangsphase jedem Beamten eine kleine Tabelle mitgeben, auf der er Informationen einfach ablesen kann. Mit der Zeit merkt man sich das sowieso. Übrigens ist die Sicherheit der Bediensteten im Sinne der Insassen – ein gutes Betriebsklima nützt allen. Ist doch so, oder?«

»Also ich weiß nicht«, sagt Simone. »Ist das nicht für die tägliche Arbeit viel zu kompliziert?«

»Ich denke, wir sollten eine Arbeitsgruppe bilden, die das konzeptionell ausarbeitet und vielleicht in einem Haus einen Pilotversuch startet.« Daniel hat Feuer gefangen und sähe sich gern als Mitarbeiter einer Gruppe engagierter Reformsozialpädagogen, die mit strenger Organisation und sehr pragmatisch den Untersuchungshaftvollzug modernisieren und deshalb erst Beiträge in der Fachpresse, dann einen Bericht in einer Tageszeitung –

Bernt unterbricht. »Daniel, wärst du nicht bereit, eine solche Arbeitsgruppe zu leiten, es muß ja jemand in die Hand nehmen, und ich bin schon mit der Arbeitsgruppe Sicherheit ziemlich ausgelastet. Also ich werde mich natürlich einbringen, aber die Leitung würde ich gern bei dir sehen.«

»Weißt du, ich sage spontan ja, ich finde, das ist wirklich 'ne tolle Idee.«

Simone guckt zweifelnd. In ihrem ersten Jahr in der Anstalt hat sie die Gründung von zwei Arbeitsgruppen miterlebt. Die erste war die AG Sicherheit. Die zweite mit dem Namen »Akustische Ökologie in der Jugendstrafanstalt Plötzensee« setzte ein Verbot von Radiorecordern durch, mit denen besonders die türkischen Jugendlichen die Höfe beschallten, was Simone eigentlich altersgemäß fand. Sie war der Meinung, daß man immer im Einzelfall reagieren müsse, statt sich das Problem mit pauschalen Einschränkungen vom Leibe zu schaffen. Trotzdem waren bald nur noch Walkmen erlaubt, und die Kommission erarbeitete Richtlinien zur Erlaubnis eines Walkman und legte fest, wie man den Entzug des Gerätes als Disziplinarmaßnahme einsetzen kann. Und nun, fragt sich Simone, sollen bunte Punkte an die Türen geklebt werden wie in einer Anstalt von der Größe Moabits, in der dreimal so viele Insassen hocken ohne die pädagogischen Möglichkeiten der Jugendstrafanstalt?

Bernt verabschiedet sich, weil er heute früher fortmuß wegen einer Pudelangelegenheit.

»Mir scheint, du hast mit den Insassen manchmal Mitleid«, sagt van der Dekken, nachdem Bernt gegangen ist.

»Das ist doch kein Wunder.«

»Simone, weißt du, wir sind hier in der Anstalt oft geneigt, die Jungs in einer Opferrolle zu sehen. Aber das ist falsch, und ich weiß auch nicht, wem so eine Sichtweise nützen könnte. Die hier sind Täter.«

»Für mich ist unser Trakt in erster Linie noch eine Untersuchungshaftanstalt.«

»Ja, natürlich, ich spreche mich auch gegen jede Vorverurteilung aus. Aber seien wir doch mal ehrlich.« Daniel guckt ehrlich, seine Augenlider flattern ein bißchen. »Ein Freispruch ist doch eher die Ausnahme. Die U-Haft ist längst zu einem Erziehungsmittel geworden, und dagegen dürfen gerade wir Pädagogen uns nicht sträuben.«

»Tut mir leid, Daniel, ich sehe das nicht so.«

»Das ist doch keine Frage der Ansicht. Das ist ein ganz objektiver Fakt. Die haben doch nicht mal gelernt, morgens aufzustehen, allein die Regelmäßigkeit der Tagesabläufe in der Wohngruppe hat erzieherische Wirkung.«

Simone schweigt.

»Ich merke schon, die Hochschule wirkt noch nach, entschuldige, wenn ich das so sage. Aber die Praxis sieht nun einmal ein klein wenig anders aus. Mitleid ist hier jedenfalls fehl am Platze, zumal du mit so einem Gefühl im Bauch die Distanz verlieren kannst.«

»Da mache ich mir gar keine Sorgen. Mitleid zu empfinden kann auch hilfreich sein.«

»Wie?« Van der Dekken wird spitz.

»Man sieht nur mit dem Herzen gut«, zitiert Simone aus einem ihrer Lieblingsbücher.

ZURÜCK IN SEINEM BÜRO, läßt sich van der Dekken auf den Stuhl fallen, senkt den Kopf, greift sich mit Daumen und Zeigefinger an die Nasenwurzel und schließt die Augen. Du sitzt in einer Maschine, denkt er, jedes Rädchen dreht sich, aber woher der Antrieb kommt, weißt du nicht. Ein Universum ohne Schwerkraft. Sternschnuppen. Hab ich eigentlich auch mal so was gefragt wie Simone? Wahrscheinlich nicht, ist ja auch sinnlos. Hier ist sowieso alles sinnlos, egal, was ich tue oder nicht tue. Sonnensysteme irren nicht.

Und doch, früher hatte van der Dekken Mitleid. Ein egoistisches Mitleid. Am Anfang seiner Tätigkeit hatte er sich manchmal in Gefangene verliebt. Er träumte von ihnen. Und nicht sie, sondern ihre Zukunft als glatzköpfige, dicke, unattraktive Ehemänner stimmte ihn trübsinnig. Es tat ihm um ihre an die Haft gebundene Schönheit leid. Manchen hätte er gerne dabehalten, und um ihren Aufenthalt zu verlängern, war er sehr streng und meldete noch das kleinste Vergehen an die Staatsanwaltschaft. Damals hatte er angefangen, ihnen Vorträge zu halten, um sie lange in seinem Büro sitzen zu haben und betrachten zu können.

Über seiner Grübelei nickt van der Dekken ein. Als er zehn Minuten später aufschreckt, ist er kurz verwirrt, ein Geräusch hat ihn geweckt, das an den Sommer erinnert. Ein ungeduldiger Vogel vielleicht, der sonst nicht so ruft. Er packt die Akten in die Schublade und geht eilig fort. In der Stadt dämmert es, das Geräusch der Autos wird von Schneematsch gedämpft, und kurz beschleicht ihn die Vision, das stille Gefängnis mit den geräumten Fußwegen und den Bäumen auf dem verschneiten Hof sei eine andere Welt. Seine Welt.

IM FLUR auf van der Dekkens Station bilden die Jungs ein Oval um Hüsso und Oliver.

Oliver ist dick und blond, seine Wangen sind glatt wie die eines Kindes und haben große rote Flecken. Auf der Stirn leuchten Aknepusteln. Wegen Verdunkelungsgefahr, er soll vierzig Kellereinbrüche begangen haben, wurde er in Verwahrung genommen, damit die Polizei in Ruhe seine Lagerstätten abarbeiten kann. Auf dieser Station ist Oliver der Nazi, mit »Ausländern« redet er nicht, und Türken sind für ihn Ausländer. Außerdem kommt er aus Oranienburg, einer Brandenburger Kleinstadt, was ihn in den Augen der Westberliner Jungs auf einer Stufe noch unter den Hellersdorfer und Marzahner Ostberlinern stehen läßt. David, der Teufelsanbeter, und Alexander, der schöne Hellersdorfer, haben sich aus Solidarität, ohne selbst ausgesprochene Nazis zu sein, mit Oliver ein wenig zusammengerauft. Sie stehen in den Pausen beieinander, hocken gemeinsam vor dem Fernseher oder kicken, wenn der Kickertisch frei ist. Und unten im Essenraum, wo es gleich hingehen soll, sitzen sie an einem Tisch.

Auch jetzt stehen sie zusammen, und neben ihnen stehen die beiden Polen, zu denen sie diplomatische Beziehungen unterhalten. In die Heimat fliehen zu wollen wird ihnen, da sie in Deutschland kaum Bindungen haben, wohl zu Recht unterstellt, so daß die Untersuchungshaft die spätere Strafe für den Kaufhausdiebstahl weit übersteigen wird. Einer der Polen ist vierzehn Jahre alt, der andere fünfzehn, sie sind die Küken der Station und haben ihre Kulleraugen vor Entsetzen weit aufgerissen. Wie die Araber und Jugos sprechen sie nur bruchstückhaft Deutsch, weit schlechter jedenfalls als die Türken und die Kurden, die sich hinter Hüsso aufgebaut haben.

»Germane, du stinkst, wasch dich mal.« Das hatte Hüsso gerade zu Oliver gesagt, woraufhin der eine Beschimpfung herausstieß, die der Eile wegen unüberlegt war und mißlang: »Du Scheiße!«

Und während sich der Dicke noch über die eigene Unbeholfenheit ärgerte und ihm Zornesröte in die Wangen stieg, goß der Türke Öl ins Feuer, indem er sich umdrehte und rief: »Ej, Nazi, koof dir mal 'ne Tüte Deutsch!«

Da alle auf dem Weg zum Mittagessen sind, haben manche Teller dabei, denn in der kleinen Teeküche wird hier oben oft etwas gebrutzelt. Nun reißt Oliver dem neben ihm stehenden Polen einen Teller aus der Hand, schlägt ihn böse gegen die Wand, daß er zerbricht, und richtet eine Scherbe drohend auf Hüsso.

»Na komm, Dicker«, sagt der und grinst.

»Ich fick deine Mutter«, keucht Oliver, denn es gilt als Naturgesetz, daß Türken dieser Spruch zur Weißglut treibt.

»Läßt dich deine nicht mehr ran?«

»Olli, mach ihn alle«, sagt David halblaut.

Und Oliver schnaubt: »Du Kanakensau, ich fick dich in den Arsch, ej. Ich schlitz dich so was von auf.«

»Yeah, ein warmer Nazi. Komm, Schwanzlutscher.«

Die Kontrahenten umkreisen sich, die anderen stehen drum herum. Da tritt ein Uniformierter in den Flur und drückt auf den Alarmknopf an der Wand. Die Sirene jault los.

»Einschluß, alle in die Hafträume!« brüllt er.

Während die Jungs in ihre Zellen trotten, murrend, weil unten das Essen kalt wird, trappelt das häusliche Wachpersonal die Stufen hoch. Die Beamten halten Schlagstöcke in den Händen. Mit denen können sie nicht nur schlagen. Sie beherrschen auch die Kunst, Arme von Gefangenen darum zu winden und so selbst Muskelpakete bequem abzuführen.

Oliver und Hüsso müssen nun, eingestuft als Bedrohung, besonders untergebracht werden. Hüsso wird wie die anderen erst mal in seine Zelle geschlossen, Oliver dagegen von zwei Wärtern in ein anderes Haus begleitet. Die Scherbe, die er mit dem Fuß noch wegkicken wollte, wird als Beweisstück aufgehoben. Er sträubt sich nicht, und so geht man zügig hinüber, ohne einen Stock benutzen zu müssen.

Im Verwaltungsgebäude befinden sich speziell hergerichtete Verliese, moderne Kerker für Renitente. Vom langen Gang geht ein Vorraum ab, darin ein Waschbecken, ein Tisch und ein Stuhl.

»Ausziehen, Sachen da ablegen«, sagt einer der Uniformierten und zeigt auf den Tisch.

Als Oliver nachfragt, wozu das gut sein solle, wird er angeherrscht, die Klappe zu halten und hinne zu machen.

»Alles ausziehen, hab ick jesacht«, schnauzt der Beamte, als Oliver bei der Unterwäsche aufhört. »Erst Rabatz schlagen und denn so kleen mit Hut. Allet runter.«

Nackt, nur mit einem Ballen Zellstoff im Arm, wird Oliver aus dem Vorraum in die geräumige Zelle gewinkt. Hinter ihm fällt die Tür zu. Auseinandergefaltet wird der Zellstoff zur großen Bahn, mit der Oliver seine Blöße bedeckt. Er läßt sich auf der Matratze nieder, die auf einem Betonblock mit Holzeinsatz liegt, und sieht sich um. Der Raum ist ganz weiß und unversehrt von Beschriftungen oder Gravuren, die vergitterten Neonlampen an der Decke brennen grell, aus einer Ecke an der Decke ist eine Kamera auf ihn gerichtet. Eine seltsame Vorstellung, so betrachtet werden zu können – wer weiß, wo der Monitor aufgestellt ist. Durch einen Schacht zur Kellerluke an der Gefängnisstraße dringt nur wenig Tageslicht. In einer Ecke steht eine Kloschüssel, ohne Deckel. Kein Waschbecken, kein Wasserhahn. Sofort wird ihm der Hals trocken.

Hüsso trifft das Schicksal nicht ganz so hart, weil die andere Bunkerzelle mit einem Suizidversucher belegt ist. Er geht unter Einschluß, was bedeutet, daß er seine Zelle nicht mehr zu Gemeinschaftsveranstaltungen verlassen darf. Keine Freizeitaktivitäten, und auch von der Arbeit in der Werkstatt hat man ihn ausgeschlossen.

VON EINEM KÜCHENARBEITER, den André von draußen schon lange kennt, hat er sich einen Plasteimer mitbringen lassen, einen mit Deckel, in dem Kartoffelsalat an die Kantine geliefert wird.

»Ich hab das schon öfter erlebt, die durchsuchen dir die ganze Zelle, kieken in jede Ritze, nehmen das Bett auseinander, schütteln die Matratze und prüfen die Nähte, ob du da nicht rumgeschlitzt hast und irgendwo 'nen Krümel Hasch versteckst, aber sie gucken nicht in den Mülleimer. Sie latschen zehnmal dran vorbei, sie nehmen den Deckel ab und werfen was rein und sagen: ›Den müssen Sie mal wieder leeren‹, aber sie kommen einfach nicht auf die Idee, daß unter dem bißchen Dreck noch was anderes sein könnte, nämlich unser herrlicher Fünf-Liter-Einsatz.«

Er versenkt ihn im Mülleimer. Aus ebenfalls aus der Kantine beschafftem Konservenobst, Hefe und Zucker unter Zusatz der paar Früchte, die zur notdürftig vitaminhaltigen Gefangenennahrung gehören, soll ein geistiges Getränk herangären. Hinzu kommt ein wenig Wasser, und bald wird der Trank fertig sein.

Zu André finden wundersamerweise auch andere Genußmittel Zugang. In einem Gefängnis herrscht viel Betrieb, man muß nur Leute kennen, um davon zu profitieren. Er zeigt Savio ein weiteres Versteck. Mit einem gewöhnlichen Besteckmesser dreht er die Schrauben auf, mit denen die Kloschüssel auf den Bodenfliesen befestigt ist, die letzte wird nur gelockert, und dann das Becken um die Achse der letzten Schraube so weit gedreht, daß man mit den Fingern in den geräumigen Spalt zwischen Mauer und Abflußrohr hineinlangen kann.

Hier versteckt André ein grünbraunes Klümpchen Haschisch, in Alufolie und ein Tütchen verpackt.

»Ej, boh ej, kraß.«

»Krieg dich wieder ein, Savage.«

»Ich liebe dich.«

»Du bist ja süchtig!«

»Wenn wir das rauchen, nee, also, geil.«

»Du bist ja so was von gefährdet, Junge.«

»Und du bist 'n wahrer Freund.«

»Ich weiß. Und du weißt jetzt, was eine Zelle versteckmäßig hergibt. Und vergiß die Matratze, die nehmen sie immer zuerst auseinander.«

Es dunkelt.

»Ej, Savage, bleib schön ruhig. Um achtzehn Uhr ist Schichtwechsel, und die neue Schicht kommt immer mal gucken.«

»Leck mich mit der Schicht.«

Als endlich die vorgeschriebene Nachtruhe in Kraft tritt, sitzen die beiden am Tisch und spielen Schiffe versenken.

»Hau raus den Shit.«

»Mach 'ne Zigarette fertig, ich hab keinen Tabak mehr. Bau uns 'ne schöne Tüte.«

Zwanzig Minuten später.

»Werd nicht trübe, Alter«, sagt André. »Oder bist du 'n stiller Genießer?«

»Ich bin so fett, ich würd einfach abgehen, meine Eier platzen gleich.«

»Ich erst!«

VAN DER DEKKEN sitzt mittags mit Bernt Klobsch in der Kantine und tauscht sich aus. Die Väter der beiden sind schon tot und die Mütter alt. Van der Dekkens Mutter lebt in einem Seniorenheim. Einmal pro Woche besucht er sie. Manchmal schafft er es nicht, dann ruft er auf der Station an und sagt Bescheid. Die Mutter kann nicht mehr gut laufen, sie fährt meist im Rollstuhl.

»Weißt du, wir haben eine sehr gute Beziehung heute, das ist nicht mehr so gespannt wie früher. Mutter ist so, na ja, sie ist weich geworden.«

»Meine Mutter war schon immer so ein Gemütsmensch, sag ich mal.«

»Ich nenne sie jetzt auch nicht mehr Mutti, sondern Mutter. Da ist jetzt mehr Distanz in unserer Beziehung, aber auch mehr Würde. Sie ist eben die Mutter.«

»Durch die Mädchen ist das bei uns ja doch enger, die Oma ist eben immer dabei.«

»Ich nehme Mutter ganz bewußt niemals in den Arm, ich küsse ihr die Hand.«

»Ach«, Bernt ist erstaunt. »Und du meinst, daß ihr das recht ist?«

»Na, auf der einen Seite ist es 'ne zärtliche Geste, andererseits hat es eben auch diesen Abstand, jeder kann für sich sein. Nähe und Distanz, verstehst du?«

»Also ich glaube, meine Mutter würde mir das verübeln.«

»Stimmt schon, anfangs war's schwierig, da zog sie ihre Hand sogar weg und wollte gar nichts verstehen. Aber jetzt hat sie eingesehen, daß ich recht habe. Da kommt ihr Sohn, einmal in der Woche, wir unterhalten uns und trinken gemeinsam eine Tasse Kaffee. Das macht sie ja immer noch gerne, ihren Kaffee trinken. Ich bringe ihr auch immer ihre

Sorte mit. Na, und dann erzähle ich ihr von der Arbeit und so, also von der Welt. Sie kriegt ja da in ihrem Heim nicht viel mit. Liest keine Zeitung, immer nur Bücher. Ich lasse mir mit Absicht wenig vom Heim erzählen, damit sie nicht so jammervoll wird. Und auch über die Bücher will ich nicht reden, das ist ja alles fiktiv. Also da sage ich dann: Mutter, deine Beschwerden und all diese Phantasien, das will ich jetzt nicht hören.«

»Was erzählst du ihr denn?«

»Ich erzähle zum Beispiel von unserer Arbeitsgruppe. Keine Sorge, ich erzähle ja nicht die Einzelheiten oder erst dann, wenn es keine Geheimhaltung mehr gibt. Ich meine, also nur mal prinzipiell, natürlich könnte ein Pfleger, der weiß, wo ich arbeite, von meiner Mutter eine Menge erfahren. Aber ich sag mal, das ist quasi geringwahrscheinlich.«

»HERR KUSZCZ, Ihr Anwalt ist da, machen Sie sich fertig.«

»Ich hab doch gar keinen.«

»Pflichtverteidiger«, tönt es aus Andrés Bett von oben, »kriegste automatisch, geh mal. Der holt dich hier raus, Mann.«

Savio wird über den Hof geführt in das große Haus mit den drei Pforten für Besucher, Bedienstete und Fahrzeuge. Hier sind auch die Verwaltung, die Alarmzentrale, die Kantine und die Besucherräume untergebracht. Dann wird er »durchgeschlossen« und in eine geräumige Wartezelle gebracht. Nach zehn Minuten schließt ein anderer Beamter wieder auf. Er bringt ihn einige Türen weiter und öffnet die Tür zu einem kleinen Büro.

»So, bitte sehr, hier ist Herr Kuszcz.«

»Ah, danke schön, ich rufe Sie dann, wenn wir fertig sind.« Eine Frau erhebt sich und tritt zwei Schritte hinter dem Tisch hervor. Savio kann ihr Gesicht erst gar nicht sehen, sie steht mit dem Rücken zum hellen Fenster. Sie scheint ihm riesig zu sein, nicht nur, weil sie hochgewachsen ist, sondern auch wegen ihrer gekrümmten Schultern, als hätte sie sich unablässig zu jemandem hinabzubeugen. Sie streckt ihm die Hand entgegen und erklärt, Savios Pflichtverteidigerin zu sein, vorausgesetzt, daß er nichts einzuwenden habe.

»Nö«, Savio gibt ihr seine Rechte. Sie greift hart zu, Savio kommt es ganz unfraulich vor.

»Mein Name ist Sperling. Setzen Sie sich.«

Sieht eher aus wie Frau Strauß, denkt Savio. Oder Frau Krähe. Sie ist in Schwarz gekleidet, trägt einen Rollkragenpullover und weite Hosen, die ihre breiten Hüften betonen. Im Niedersetzen zieht sie sich ein Wolltuch über und steckt es vor dem Hals mit einer Brosche zusammen.

»Wir wissen ja, warum Sie hier sind, Ihren Haftbefehl hat man Ihnen vorgelesen?«

»Na, wegen Raub. Oder Raubtat.«

»Vor allem wegen der Pistole, die man nicht gefunden hat, wenn ich das den Akten richtig entnehme.«

»Also, ich hatte noch nie eine Pistole, das hat sich der Spinner ausgedacht.«

»Herr Kuszcz, wir reden aber ganz ruhig miteinander, ich will Sie nicht anklagen, sondern verteidigen. Sie sagen, wo's langgeht, ich berate Sie und helfe Ihnen.«

»Ja, okay, aber das regt mich so auf.«

»Gut. Ich muß mir zuerst mal ein Bild machen, ich kenne ja bisher nur den Haftbefehl, eine Anklageschrift gibt es noch nicht, und das wird auch noch ein paar Monate dauern.«

»Was? Ich soll hier noch Monate drinne bleiben? Ich muß hier raus, Frau Sperling, also, gut, ja, ich setz mich wieder hin, aber verstehen Sie, ich muß hier raus, ich halt das hier nicht aus. Ich mein: ja, ich hab Scheiße gebaut, ja, richtig fette Scheiße, Entschuldigung, aber, ej, ich bin doch kein Verbrecher, 'tschuldigung, also ich bin wirklich kein Verbrecher. Das sind Mörder, die hier einsitzen, und Drogenhändler, die haben richtig böse Dinger gedreht, Vergewaltiger und so. Der eine hat einen Obdachlosen erschlagen, mit einer Eisenstange, also das ist echt nicht mein Ding.«

»Deswegen bin ich ja hier. Wir müssen den Abend jetzt genau durchgehen, und dann kann ich Ihnen vorschlagen, was wir machen. Aber ich bitte Sie, mir alle Einzelheiten genau zu erzählen und mir nichts zu verschweigen. Herr Kuszcz, Sie können der Polizei und dem Gericht erzählen, was Sie wollen, aber Sie dürfen mich nicht belügen und mir nichts verschweigen. Denn sonst kann ich die Verteidigung nicht optimal führen. Verstehen Sie das? Das sieht ganz schlecht aus, wenn uns vor Gericht etwas bewiesen wird, was wir bestritten haben.«

Savio versteht, und es gefällt ihm, daß sie »wir« sagt. Ihm gefällt auch, daß sie ihn nicht duzen will. Er berichtet ihr von dem Überfall auf den Jungen, von dem er jetzt erfährt, daß er Robert heißt und in die elfte Klasse eines Gymnasiums geht und in derselben Straße wohnt, in der Savio ihn niedergeschlagen hat.

»Sie können sich vielleicht vorstellen, daß es in der engsten Umgebung besonders schlimm ist, zu Boden geschlagen zu werden, daß man da ein gewisses Vertrauen verliert. Man fühlt sich doch in der eigenen Straße am sichersten.«

Savio brummt, er sei kein Schläger.

»Ich kann Ihnen das glauben oder nicht. Das spielt keine Rolle. Es spricht ja einiges für Sie, etwa daß Sie nicht vorbestraft sind. Andere Punkte lassen zweifeln, man weiß nicht, was Sie eigentlich den ganzen Tag machen. Auf diese Frage sollten Sie sich eine Antwort einfallen lassen bis zur Verhandlung, aber darauf kommen wir noch. Sie sollten sich auf jeden Fall in der Verhandlung bei dem Jungen entschuldigen. Nun aber zur Pistole, denn von dem Punkt hängt es ab, ob Sie in der Haftanstalt verbleiben oder nicht.«

Savio beteuert, nie eine Waffe gehabt zu haben, und aus den Akten weiß die Anwältin, daß die Polizei auch keine Anhaltspunkte dafür finden konnte.

»Ich beantrage sofort die Haftprüfung für Sie, binnen vierzehn Tagen wird entschieden, und ich denke, wir haben gute Aussichten.«

Savio nickt.

»Es bleibt Ihnen dann natürlich noch immer der Raub mit Körperverletzung, wenn auch nicht bewaffnet.«

»Was hätte ich denn da zu erwarten?«

»Ich gebe keine Prognosen, das ist im Jugendstrafrecht schwer, weil man hier Ihre persönliche Entwicklung berücksichtigt. Die Verhandlung wird im Herbst sein, frühestens, die Gerichte sind alle überlastet. Wenn Sie bis dahin erstens nicht straffällig werden, zweitens sich vielleicht sogar schriftlich entschuldigen, drittens eine Arbeit oder Ausbildung finden und insgesamt zeigen, daß Ihre Tat ein einmaliger Fehltritt war und Sie sich künftig an Gesetze halten werden, dann sieht es ganz gut aus. Eine Haftstrafe sehe ich nicht recht, weil Sie nicht vorbestraft sind. Ich sage es mal ganz, ganz vorsichtig: Sie müssen sich in dieser Hinsicht nicht allzu große Sorgen machen. Unter der Voraussetzung, daß ich wirklich vollständig informiert bin. Wir sehen uns zur Haftprüfung. Hier ist meine Karte, falls Sie mich anrufen wollen. Wenn Sie mir bitte noch die Vollmacht unterschreiben.«

Sie heißt mit Vornamen Renate, liest er.

SAVIO PRESST das Gesicht ans Gitter und guckt auf das Pendel, das an seinem heraushängenden Arm in die darunterliegende Etage schwingt. Dort streckt Kadir den Arm aus dem Zellenfenster.

»Mehr, Savage! Gib mehr Schwung, wilder Stier!«

»Ja. Warte, gleich!«

Kadir ist Türke. Seine Sozialarbeiterin läßt ihn ab und zu mit seiner Freundin türkisch sprechen. Kadir hat vom Staatsanwalt eine Genehmigung für Telefongespräche mit seinen Eltern. Allerdings hat er erst einmal mit ihnen telefoniert. Gegen den Wunsch, mit seiner Mutter türkisch zu sprechen, weil sie kein Deutsch verstehe, hatte die Sozialarbeiterin nichts einzuwenden. Die freundliche Kollegin hielt es für überflüssig, den Staatsanwalt auch noch darum zu bitten.

Gewöhnlich wird die Genehmigung ausschließlich für auf deutsch gehaltene Telefonate gewährt, und die Betreuer am Telefon im Betreuerraum drücken andernfalls sogleich die Gabel herunter, um unkontrollierbare Telefonate abzubrechen. Aber Kadir hat der Sozialarbeiterin erzählt, daß er seine Freundin heiraten werde. Und die gutmütige Frau denkt: Warum soll er dann nicht auch mit der Verlobten sprechen? Er guckt immer so traurig, wenn er von ihr erzählt, strahlt so liebevoll. Sie sieht den Abenteurer aus ihm leuchten und im Hintergrund das aus hellbraunen Steinen gebaute Wüstendorf.

Das Verbotene möchte Savio nun von Kadir erbitten, nämlich daß er seiner Freundin auf türkisch sage, sie möge Jenny anrufen: Jenny solle auf Savio warten und ihm schreiben.

Kadir befindet sich auf einer anderen Station. Man kennt sich nur von den Gesprächen am Fenster, hat sich noch niemals gesehen. Aber einiges wissen Savio und Kadir voneinander: ihre Namen und wo man wohnt und Geschmacksdinge über Musik etwa und über Frauen. Man spricht über die Nettigkeits- oder Abscheulichkeitsgrade der Schließer, sagt natürlich »Schließer« und nicht »Betreuer«, wie die es gerne hätten.

Botschaften lassen sich auf vielen Wegen überbringen, auf Zettel geschrieben oder weitergesagt mit Hilfe der Hausarbeiter, die Zugang zu den Treppenhäusern haben und somit zu den Hausarbeitern der anderen Stationen. Aber der kürzeste Weg einer Botschaft oder einiger Krumen Tabak oder von Streichhölzern, auch an diesen besteht Mangel, ja man gibt Schachteln mit abgezählten Hölzchen oder abgerissene Reibeflächen weiter, als reiche man Geld – der kürzeste Weg all dieser kleinen Wichtigkeiten ist das Pendel. Man bindet das Beförderungsgut an einen Faden – aus dem Saum des Bettlakens herausgerissen oder aus einer Paketschnur gewonnen – und wirft es durch die Gitterstäbe nach draußen. Liegt der Zielort lotrecht unter dem Absender, so muß man nur so lange Schnur zugeben, bis das Ende den Empfänger erreicht, dieser den Tauschgegenstand oder eine Antwort festbindet und alles wieder hochgezogen werden kann. Schwieriger ist es, wenn die Empfängerzelle schräg unter der eigenen liegt, dann muß das Pendel schwingen. Der Gefängnisleitung sind solcherlei Praktiken bekannt, sie hat das Pendeln selbstverständlich verboten und hie und da Zellenfenster zusätzlich zu den Gittern mit Maschendrahtzaun beschlagen, durch den sich eine Streichholzschachtel zwängen läßt, nicht aber der Arm, so daß man weder ein Pendel ausschlagen lassen noch fangen kann.

Savio pendelt seine am Fadenende viel zu leicht hängende Zettelbotschaft mit Jennys Telefonnummer. Er hätte mal ein Gewicht dranbinden sollen. Kadir schwenkt den Arm aus dem Fenster, beide rufen sich pendeltechnische Anweisungen zu, als seien sie Ingenieure, die an einem komplizierten Gebilde bauen.

Vom gegenüberliegenden Haus entdeckt ein zufällig das Wetter betrachten wollender Beamter das Pendeln und ruft in der Hauszentrale drüben an. Kurz darauf stehen vor Savios und Kadirs Zellen je zwei Kollegen und schließen leise die Türen der Hafträume auf.

Die Art der Überraschung ist verschieden. Man könnte meinen, der noch frische Savio wäre der Erschrockenere, doch Kadir hatte bereits Gelegenheit, einen eigenen Kodex zu bilden, der ihm sagt, wie tief ein Regelverstoß ins Fleisch der Anstaltsbediensteten schneidet. Kaum haben ihn die zwei Beamten an den Schultern gepackt, steht ihm die Gefahr vor Augen, seine Telefonerlaubnis zu verlieren.

EINE STUNDE SPÄTER sitzt Savio in van der Dekkens Büro.

»Du hast dich nicht an die Regeln gehalten.«

Das Schnarren des Telefons unterbricht den Pädagogen. Er lehnt sich in seinem Stuhl zurück und dreht sich zum Fenster, während er telefoniert.

Savio kann den Mann nun ungestört betrachten. Sein Blick schweift von oben nach unten und wieder zurück. Plötzlich packt ihn ein Interesse, als habe er noch nie einen Fünfzigjährigen gesehen, ja ihm kommt die Frage in den Sinn, ob sein Vater vielleicht so aussieht. Ein etwas älterer Vater. Warum nicht? Savio und ein Vater: ein fremder, seltsamer, aber nicht abwegiger Gedanke. Savio betrachtet das Gesicht des Mannes, die weichen Züge. Die roten Flecken auf den Wangen stammen von winzigen geplatzten Äderchen. Verletzungen gewissermaßen. Savio ertappt sich noch rechtzeitig, wie er sich vorzubeugen beginnt, und weicht zurück. Van der Dekken hat die Bewegung registriert. Verlegen schlägt Savio die Augen nieder, doch schon nach kurzer Pause fährt er mit der Beobachtung fort. Weiche Haut, geplatzte Äderchen, eine an hellgraues Tuch erinnernde Fläche, die beim Sprechen vibriert. Die Farbe ist eigentümlich, blaß mit grauen Pünktchen abgeschnittener Barthaare, vielleicht gibt es solche Kakteen. Die Stoppeln sind kaum zu sehen, es ist noch Vormittag, und der Mann wird sich erst vor einigen Stunden rasiert haben. Am Hals ist er flüchtiger barbiert und hat einzelne längere Haare nicht erfaßt; Savio denkt, diesen Hals berühren zu müssen, als Friseur oder als Frau, und er zieht unbewußt die Mundwinkel nach unten. Über den Kragen des Hemdes wölbt sich eine breite Falte des Halses hinab zu einem runden Rücken. Das Hemd ist blau-rot kariert. Ob man als alter

Mann so etwas anziehen muß? Wie die ewig abgetragenen Jacketts der türkischen Männer, die ewig blonden oder roten Haare der alten Frauen? Er stellt fest, daß das Haar des Mannes weißblond ist, es locker nach hinten gestriegelt liegt, an den Seiten feucht oder ölig glänzt. Auf der Stirn hat van der Dekken eine seltsame Falte, sie läuft aus den Haaren heraus auf die Stirn, wie eingraviert. Die Nase ist klein, Savio ist versucht, sie eine Schweinsnase zu nennen, aber das erscheint ihm nach einiger Überlegung unpassend, und er nennt sie eine Kindernase. Auch das stimmt nicht, sie ist weder flach noch breit, noch stupsig. Egal. Die Nasenlöcher wirken überfein, der Mund verkümmert. Das Rauchen scheint die Lippen verformt zu haben, sie ziehen sich, wenn van der Dekken an seiner Zigarette saugt, nach innen, folgen dem Rauch.

Savio prüft das Äußere dieses Mannes sorgfältig, wie ein Geometer vermißt er ihn, legt ein Liniennetz über ihn, als wolle er darauf navigieren. Oder eine Expedition zu ihm senden. Die Jungs so einer Forschergruppe müßten mutig sein, sowohl die, die sich in den Haaren niederließen und immer vom Abgrund bedroht wären, als auch jene, die auf seinem karierten Hemd kletterten, zumal jetzt eben, da er sich plötzlich, während er spricht, nach vorne neigt, ganz weit, sogar seinen Hintern, der Savio groß und breit vorkommt, kurz vom Stuhl hebt, um mit der Zigarette den Aschbecher zu erreichen. Die Expeditionsleute auf den Beinen hätten es auch nicht einfach gehabt, denn die Hosen sind glatt. Savio bemerkt den abgewetzten Ledergürtel und daß einige früher täglich gebrauchte Löcher lange nicht mehr benutzt wurden. Nun schweift sein Blick wieder nach oben, zu den Augen. Er sieht nur eines von der Seite, ein wenig vom Augapfel, ein bißchen von der blaßblauen Iris, die in Feuchtigkeit schwimmt. Wimpern sind kaum vorhanden.

Jetzt verabschiedet sich van der Dekken, und Savio merkt es gar nicht. Der Sozialarbeiter legt den Hörer auf und sieht gleich zu Savio hin, und der starrt ihn ganz versunken an und schreckt im selben Moment auf und guckt kurz zur Seite, zum Fenster, ohne das Fenster zu sehen.

»Wo war ich stehengeblieben?« Daniel van der Dekken erwartet keine Antwort. »Du wirst umziehen auf eine andere Station, genauer gesagt, in ein anderes Haus. Dort ist eine Kollegin zuständig.«

»Umziehen? Wieso?«

»Die Pendelgeschichte. Wir befinden uns in einer Untersuchungshaftanstalt. Die Staatsanwaltschaft wird eine Entscheidung fällen, wie weiter zu verfahren ist, aber bis dahin wirst du erst einmal in eine Zelle verlegt, aus der du keine Nachrichten herausbringen kannst. Das hast du dir selbst zuzuschreiben. Ich kann da gar nichts für dich tun.«

SEINE SACHEN darf Savio nicht selbst einpacken. Die Zelle wird durchsucht, alles aus dem Schrank gezerrt, abgetastet und auf den Boden geworfen. Das Bett wird abgezogen, die Matratze hochgehoben. Ein Pflänzchen im Joghurtbecher geht dabei drauf, denn es könnte in der Erde etwas versteckt sein. Auch André muß sich eine Durchsuchung gefallen lassen, und dann wird ein Hausarbeiter geschickt, Savios Sachen in einen großen blauen Müllsack zu tun, den man ihm in seine neue Zelle nachreichen wird: eine spezielle Zelle, die ihn besonders isolieren soll. Aufräumen muß André nachher alleine.

Savio trottet neben einem Beamten quer durch die Anstalt zu einem hohen Altbau aus dunkelrotem Backstein, der gegen die schräg über den Hof gleißende Sonne kalt, fast unheimlich wirkt. In der Nacht hat es geschneit, und der Schnee liegt auf den Zweigen, von weitem sehen die Bäume aus wie große Tiere mit schwarz-weiß gestromtem Fell. Der Hydrant und vom Rasenmäher stehengelassene welke Blumen, jede einzelne Erhebung hat eine weiße Mütze bekommen, lauter Zarinnen oder Köche. Der Himmel ist dunstig winterblau, ein paar durchsichtige Wölkchen schieben sich zusammen, und wo das Licht der Sonne hinfällt, glitzern Schwärme von mild aufgewehten, winzigen Schneekristallen, als habe man eins vor den Kopf bekommen und sehe Sterne tanzen.

Daß er hier im Gefängnis noch zu erschrecken ist, hätte Savio nicht gedacht. Die neue Zelle erstreckt sich von der Tür zum Fenster über vier Meter, in der Breite sind es weniger als zweieinhalb. Ein Gitter mit einer Tür trennt den Raum. Da muß Savio durch. Der Beamte schließt mit hellem Klappern das Gitter zu, dann die Zellentür. Savio ist allein. Kann kaum einen Schritt machen. Die Einrichtung: ein Bettrahmen aus Metall, darauf eine Schaumgummimatratze; ein Metallschemel vor einem Metalltisch, fest im Boden verankert; Klo, Waschbecken. Savio will das Fenster öffnen, dreht den Griff, zieht, stutzt. Was ist das? Er wird zwei Eisenstangen gewahr. Sie sind so vor dem Fenster angebracht, daß es sich nur einen Spalt öffnen läßt. Da kommt nicht einmal Luft durch. Savio setzt sich aufs Bett, wartet.

Irgendwann ist Hofgang hinterm Haus. Die Schließer schließen Savio durch die Hoftür und überantworten ihn sich selbst. Sie benehmen sich korrekt, lassen ihn aber spüren, daß er Extraarbeit macht. Nur eine Beamtin, Frau Müller, sagt aufmunternde Worte.

Die Sicherungen verhindern den Kontakt nach draußen nicht vollständig. Manchmal, wenn ein Hausarbeiter ihn durch die Zellentür anspricht, kann er sich unterhalten, laut, ein paar Wortfetzen nur, oder wenn er einen heranruft, den er auf dem Gang mit einem Eimer hantieren hört. Bei der Gelegenheit bekommt er mit, daß er sich im Haus für die Drogenabhängigen befindet, in dessen unterer Etage mehrere dieser Isolierzellen eingerichtet sind.

THEA MÜLLER ARBEITET gern in der Haftanstalt. Sie hat sich den Beruf ausgesucht, nachdem sie sich als Verkäuferin im Supermarkt gelangweilt hatte und zudem arbeitslos wurde, als das Geschäft schloß. Ihr Mann ist Vollzugsbeamter im Moabiter Gefängnis, er hat sie auf die Idee gebracht. Nach einer Umschulung ist sie von der Justiz in die Anwartschaft zur Beamtin übernommen worden. Sie arbeitet noch nicht lange im Backsteinhaus. Manchmal geht sie mit ein paar Häftlingen aus der obersten Station zum Fußball auf den anstaltseigenen Platz und bolzt, bis ihr die Puste ausgeht. Dann steht sie am Rand und feuert an.

Nur die Gefangenen aus der obersten Etage dürfen zum Fußball. Wer sich als Häftling angemessen benimmt und durch die regelmäßigen Urintests nicht des Drogenkonsums überführt wird, darf Etage für Etage nach oben ziehen. Pro Stockwerk gibt es mehr Freizügigkeiten: längere Aufschlußzeiten und Vollzugslockerungen. Wer vom Freigang zugedröhnt oder verspätet oder gar nicht heimkehrt, wird zurückgestuft.

Thea Müller ist klein und dick, die Uniform sitzt knapp,

ihr rundes Gesicht ist mit Sommersprossen übersät und von schwarzen Kräuselhaaren hübsch eingerahmt, und ihre schmalen braunen Augen blitzen. Die Jungs mögen sie und haben Respekt vor ihr. Und das hat einen Grund: Vor zwei Jahren gab es auf der Station von van der Dekken, wo auch Thea arbeitete, einen jungen Mann, der kein Wort Deutsch sprach, ein Libanese, klein, aber herkulisch gebaut, mit Namen Mohammed. Er grinste immerzu, wenn man ihn ansprach, und klimperte eigentümlich mit den Augen, ganz langsam. Er war auf die Station verlegt worden, nachdem er zwei Nächte im Bunker verbracht hatte. Mohammed hatte auf seiner alten Station nämlich die Selbstbeherrschung verloren und mit bloßen Händen die Einrichtung seiner Zelle zerlegt, die Schranktüren herausgerissen und das Bett zerschlagen. Da die Sozialarbeiterin dort gerade mehrere als schwierig geltende Insassen in der Gruppe hatte, wollte sie ihn loswerden. So kam Mohammed auf van der Dekkens Station.

Eines Nachmittags nahm sich Thea die Zeit und besuchte ihn. Ihr war aufgefallen, daß sich niemand mit ihm unterhielt, auch nicht die Mitgefangenen. Beim Aufschluß blieb er für sich, stand manchmal im Gang am Fenster oder saß vorm Fernseher. Gerade die Schwierigen hatten es ihr angetan.

Thea klopfte an. Bevor sie eine Zelle aufschließt, macht sie das immer, nicht nur weil sie eine Frau ist. Sie betrachtet es als gutes Benehmen und ärgert sich über die Kollegen, die mit Karacho in die Zellen springen – mit etwas Training kann man sehr schnell aufsperren. Sie klopft mit dem Schlüssel zweimal an die Eisentür und dreht ihn dann ohne Eile um, so daß der Insasse einige Sekunden Zeit hat, sich zu sortieren. Viele erheben sich sogar, wenn die Tür geöffnet wird, erst recht bei einer Frau.

Als sie in die Zelle von Mohammed kam, hatte er sich gerade aufgesetzt und strich das Bett glatt, offenbar hatte er geschlafen. Der Raum war ganz sauber, auf dem Tisch lagen nur Tabakkrümel und Zigarettenpapier und in etwas Silberpapier zwei winzige Kippen, er mußte sich beim Rauchen fast den Mund verbrannt haben. Mohammed saß da und guckte sie mit braver Miene an, ergeben, traurig, wie ein Hund.

»Hallo, Mohammed, ich wollte dich nur fragen, ob du das mit dem Wäschewechsel mitbekommen hast. Ich weiß gar nicht, kannst du Deutsch?«

»Hm.« Mohammed grinste nur und nickte.

»Kannst du's nun oder nicht? Sag doch mal was.«

»Was soll ich denn sagen?« Mohammed sprach langsam und heiser.

»Na, geht doch«, sagte Thea und lächelte. »Also Wäschewechsel, jeden Donnerstag. Legst du bei der Essenausgabe vor die Tür. In einem blauen Sack, läßt du dir vom Hausarbeiter geben. Wird eingesammelt. Alles klar?«

»Alles klar.« Mohammed nickte wieder und lächelte zurück.

»Warum redest du so wenig? Du unterhältst dich nie mit den anderen.«

»Sind doch bloß Kinder alle.« Mohammed zog geringschätzig die Mundwinkel nach unten und guckte zum Fenster.

»Du bist auch erst siebzehn.«

»Aber meine Freundin kriegt ein Kind.«

Thea erschrak. Sie hatte sich gerade gefragt, was aus so

stillen Menschen werden würde. In einem Bewerbungsgespräch konnte sie sich Mohammed nicht vorstellen. Und dazu ein Kind.

»Oh«, sagte sie, »du wirst Vater, da gratuliere ich aber.«

Später saß Thea im Betreuerzimmer, die Ellenbogen auf dem Schreibtisch, den Kopf auf den Händen. An den Wangen spürte sie, wie heiß die Innenflächen ihrer Hände waren, und sie dachte an ihren Mann, an ihr Haus, die beiden Hunde, den Garten, und ob auch sie einmal Kinder haben würde, daß es jetzt mit dreißig doch vielleicht an der Zeit wäre, stand auf und ging, zehn Minuten vor Schichtende, zur Ablösung in die Hauszentrale.

Am nächsten Vormittag gab es eine Entlassung, und der Insasse ließ ein Ziergras in einem Plasttrinkbecher zurück. Sie griff sich das Pflänzchen, nahm aus dem Schrank im Betreuerzimmer eine große Packung bunter Filzstifte und ein paar Bogen Papier und machte sich auf zu Mohammed.

»Tagchen.«

»Hallo, Frau Müller.«

Thea freute sich, daß er nicht nur sprach, sondern sogar ihren Namen sagte.

»Guck mal, Mohammed, die Pflanze hier hat jemand dagelassen, willst du dich um sie kümmern?«

»Hm.«

»Mußt ja nur gießen, stell sie am besten ans Fenster. Und ein paar Buntstifte, vielleicht willst du was malen?«

Thea sagte das ohne Ironie, denn sie wußte, daß Mohammed kaum lesen konnte. Auf der Gefangenenkarte hatte sie gelesen, daß er erst als Zwölfjähriger aus dem Libanon nach Deutschland eingereist war. War da nicht Krieg im Libanon? Wer weiß, was Mohammed erlebt hatte.

Jetzt war er es, der sich freute, das war ganz deutlich zu sehen.

Am folgenden Tag, einem Freitag, war Thea verblüfft, als sie Mohammeds Zelle betrat, denn an der Wand über dem Tisch hingen lauter Porträts eines Pitbulls.

»Das ist für Sie«, nuschelte Mohammed und hielt ihr eines davon hin. Der Hund trug ein blaues Halsband mit starken stachligen Ziernieten. Der schwarze Stift, den Mohammed vor allem benutzt hatte, war auf die Rückseite des dünnen Papiers durchgedrückt. Auf dem Tisch lag die abgepauste Vorlage, eine herausgerissene Zeitungsseite mit einem Foto.

Das Wochenende kam, und Thea hatte frei. Am Montag fand sie auf der Anzeigetafel in der Hauszentrale Mohammeds Zelle, die 224, leer.

»Ist der aus der Zwovierundzwanzig entlassen worden?« fragte sie einen Kollegen.

»Nee, ist drüben im Bunker.«

»Wieso das denn?«

»Gab mächtig Stunk. War wohl Zellenkontrolle, und der hatte seine Matratze kaputtgemacht.«

»Wie, kaputt?«

»Hat sich ein Loch reingeschnitten. Na ja, ein Wichsloch.«

»Ach.«

»Und dann wollte er nicht mit, ist richtig ausgetickt. Vier Kollegen haben ihn rübergebracht. Kommt aber zurück. Wir kriegen das kleine Schwein wieder. Denk mal, so eine Matratze kostet den Steuerzahler vierundachtzig Mark. Und das für so einen Kongo.«

Thea mußte das wegstecken, es hätte nur das Klima vergiftet, sich mit dem Kollegen zu streiten. Es gab auch noch andere, die eher wie sie dachten, aber von denen war am Wochenende keiner dagewesen. Man hätte das Desaster bestimmt verhindern können.

Auf der Station traf sie ihren Chef, Gruppenleiter van der Dekken. Mit einem »Morjen, Frau Müller« trottete er, die Kaffeekanne in der Hand, zur Teeküche.

»Morgen, Herr van der Dekken. Ach, sagen Sie, haben Sie weitere Maßnahmen vor gegen den Libanesen, der noch drüben ist?«

»Der Zwovierundzwanziger?« Van der Dekken hat sich den Schließerjargon angewöhnt. »Na, der bleibt erst mal unter Einschluß, da gibt's noch einiges zu ermitteln. Ich laß ihn mir dann kommen, wenn er wieder hier ist, wieso?«

»Ich find den gar nicht so schlimm, ich hatte mit dem nie ein Problem.«

»Der hat die Kollegen ganz schön aufgemischt am Wochenende, und da gibt's ja noch einiges zu ermitteln, wie gesagt, bevor ich entscheide.«

»Zu ermitteln?«

»Er hat welche erpreßt oder so. Jedenfalls haben die Kollegen bei ihm Buntstifte gefunden, die er jemandem weggenommen haben muß.«

»Weggenommen? Die hab ich ihm gegeben, das waren Filzstifte aus dem Betreuerzimmer.«

Der Sozialarbeiter riß die Augen auf. »Frau Müller, ich finde es ja prima, wenn sich die Betreuer engagieren, aber was geben Sie ausgerechnet dem teure Filzstifte? Der kennt doch so was gar nicht. Da ist nichts mehr zu machen bei dem. Der kann sich nicht ein bißchen anpassen, der nimmt seine Zelle auseinander, zerschneidet seine Matratze, so was ist Menschenschrott. Das hört sich hart an, aber so ist das nun mal. Sie müssen sich Ihre Energie besser einteilen, Frau Müller. Der Zwovierundzwanziger bleibt erst mal unter Einschluß, bis die Ermittlungen abgeschlossen sind, dann überlege ich mir eine Strafe. Vielleicht zwei Wochen Freizeitentzug, mal sehen. Wenn das mit den Filzstiften also von Ihnen ausging, dann bleibt ja immer noch das andere.«

»Wissen Sie denn, wie es dazu gekommen ist? Ich meine, also das mit der Matratze ist doch eigentlich ein Ausweg aus einer Notsituation.«

»Bitte, Frau Müller, bei allem Respekt vor Ihrem Engagement, keine Hobbypsychologie. Vielleicht denken Sie mal daran, daß der Steuerzahler nicht so viel Verständnis für Straffällige und deren sexuellen Notstand aufbringt wie Sie. Die Gesellschaft sieht den Notstand ganz woanders. Wir tragen hier auch dafür Verantwortung.«

Nach diesem Gespräch betrieb Thea ihre Versetzung und arbeitet nun im Backsteinhaus.

SAVIO KAUERT auf der Matratze und denkt an Frau Sperling. Eine Woche lang hat er nichts mehr von ihr gehört. So hat er sich das mit den Anwälten nicht vorgestellt. Er hätte lieber einen Mann gehabt, einen Staranwalt, der sich kurz vor der Rente um die Gerechtigkeit im Jugendknast kümmert und Savio binnen Stunden rausboxt. Nun hat er so eine Olle mit Schultertuch, die ihm was von Monaten erzählt. Renate Sperling. Die soll jetzt sein Lichtblick sein, seine Hoffnung in schwachen Momenten. Jungejunge, große Aussichten. Savio döst.

Ein Kindheitsfragment taucht auf, aus der Weihnachtszeit. Seine Mutter muß damals schon eine Weile verschwunden gewesen sein. Er lebte mit Simita zusammen. Bereits Wochen vor Heiligabend hatte er die Großmutter gefragt, was sie ihm wohl schenken werde. Simita hatte gelacht und nichts verraten. Einmal sagte sie dann doch, es werde ein Geschenk sein, das mit dem Buchstaben R beginne, solle er doch raten. Savios erster Gedanke: Roller. Na schön, er war aus dem Dreirad herausgewachsen und fuhr zur Zeit mit nichts, aber er wünschte sich ein Fahrrad. Ein Roller wäre kein Fortschritt, er würde sich lächerlich machen. Er bekam damals keinen, und ihm fällt einfach nicht ein, was Simita ihm statt dessen geschenkt hat.

Savio erwacht vom Klappern der Schlüssel auf dem Flur, die Nebenzelle wird geöffnet. Dann ein Getrappel von mehreren Füßen, es scheint jemand gebracht zu werden. Savio horcht. Er hört Schnaufen und Anweisungen und Flüche. Eine junge Stimme sagt, es sei nun gut, sie könnten ihn wieder loslassen.

Später fällt ihm sein Traum wieder ein. Er muß mit Simita sprechen.

VAN DER DEKKENS ARBEITSGRUPPE hat nach einer Woche ein rasches Ende gefunden. Er hatte auf zwei Seiten ein Konzept ausgearbeitet und an den Anstaltsleiter geschickt, aber der fegte das Papier mit den Worten vom Tisch, die Herren auf den Stationen seien wohl nicht ausgelastet.

Van der Dekken und Bernt Klobsch sitzen mit trüben Mienen in der Kantine und stopfen Wiener Schnitzel und Kartoffelpüree in sich rein.

»Wenn das seine Idee gewesen wäre, dann hätten wir das Punktesystem schon und sogar Geld für einen Modellversuch und müßten jede Woche einen Bericht schreiben.«

»Der ist stinksauer, Daniel, jede Wette, die Idee war ihm einfach zu gut. Der ärgert sich, daß er nicht selber draufgekommen ist. Ich finde, wir sollten zum Thema einen Aufsatz publizieren.«

»Also an ihm vorbei jetzt was zu lancieren, das find ich nicht fair, ich meine, wir sollten uns mit ihm nicht auf eine Stufe begeben. Versuchen wir es halt später noch mal.«

»Da hast du auch wieder recht. Ich kann warten.«

»Ich erst.«

SAVIO SITZT auf dem Boden. Seine Zelle ist leer. Die Matratze nimmt man ihm jetzt morgens weg und gibt sie ihm am Abend wieder. Warum, weiß er nicht. Das sei eben so, heißt es auf Nachfrage. Er lehnt an der Wand, hat die Beine angezogen, sein Kopf ruht auf den Unterarmen. Eine Fliege landet auf seiner linken Hand. Sie krabbelt hin und her, bleibt dann stehen. Reglos betrachtet sie ihn. Auf einmal wendet sie sich, ein Sprung um die eigene Achse, zum Fenster und reibt ihre Hinterbeine. So wie es verlegene Kinder mit den Armen tun, nur viel schneller. Savio staunt, daß sein Reflex, die Fliege zu verscheuchen oder zu erschlagen, nicht mehr da ist. Seltsam, daß sie im Februar hier herumfliegt. Irgendwo muß ein Ei übriggeblieben und in der Wärme der geschlossenen Anstalt ausgebrütet worden sein. Savio denkt, daß ihn lange keiner mehr berührt hat. Warum hat man eigentlich so eine Abneigung gegen Fliegen, wo die sich rumtreiben, wo die sitzen und sich die Füße dreckig machen, wie ekelhaft. Ein Unfug. Die reiben sich doch immerzu die Beine. Außerdem sitzen Fliegen nicht. Wär aber niedlich, wenn die Fliege auf die Hinterbakken plumpsen und die Flügel aufstellen würde. Jetzt läuft sie wieder. Das kitzelt. Savio betrachtet seine linke Hand. Es gefällt ihm, wie sie so schlank da hängt und zugleich kräftig ist. Da fliegt die Fliege weg. Savio tut es leid. Er legt das Kinn auf die Stelle, wo die Fliege war, und seine Bartstoppeln stechen ein bißchen. Er gleitet mit dem Kopf den Arm entlang, drückt die Nase in die Armbeuge und schließt die Augen. Warm.

Vier Wochen ist Savio nun in der Anstalt und seit fünf Tagen abgesondert. Sein Mund ist oft trocken, und er ist müde. Deshalb hat er mit Sport angefangen. Er macht Liegestütze und, mit dem Mülleimer voll Wasser, Gewichtheben. Für kurze Zeit hilft das. Dann hockt er sich hin, senkt den Kopf und zottelt sein T-Shirt hoch, steckt den Kopf drunter und riecht. Wieso ist der eigene Geruch so vertraut? Eine Spur Waschmittel, eine Spur Schweiß, eine Spur Duschgel und vor allem er selbst. Doch. Ihm fallen andere Gelegenheiten ein, sich selbst zu riechen: Wenn man getragene Wäsche prüft, wenn man sich nach dem Fußball umzieht, wenn sich beim Vögeln die Gerüche vermengen oder auch, wenn man's sich selbst macht.

So wie jetzt. Savio liegt auf dem Boden, die Augen geschlossen, eine Hand auf die Stirn gedrückt, die andere fummelt an seinem Schwanz. Er träumt von Jenny und davon, was er mit ihr anstellen würde, sieht komplizierte artistische Figuren und immer wieder ihren schlanken, weichen Bauch, sieht ihre Brüste, in die er beißen möchte, und je länger er träumt, desto umschlungener glaubt er sich, ein Gewirr brauner Arme und Beine, ein Krake aus Menschenfleisch, ein Tier, das bestimmt ist, sich selbst zu fressen. Einmal rumst der Hausarbeiter von draußen mit der Faust an die Tür, und Savio fängt an, leise zu heulen. Dann steht er auf, setzt sich aufs Klo, besieht sein Spiegelbild. Am Kinn werden die Barthaare immer länger, die Wangen sind glatt. Seine Haare hängen wirr herum, er hat keinen Kamm, aber das interessiert ihn nicht. Jeden zweiten Tag kann er duschen, einmal am Tag auf den Hof. Er spricht nur, wenn seine Zelle geöffnet wird, etwa um das Essen zu bringen, andere Abwechslungen gibt es nicht. Savio lebt von den Geräuschen und von sich selbst.

Oder er steht am Fenster, die Unterarme auf dem Fensterbrett, und guckt hinaus auf ein Stück Himmel. Wie es wohl wäre, ein reicher Mann zu sein? Was für einen Beruf könnte er haben? Nichts mit Verkaufen, keinen blöden Schreibtischjob. Irgendwie mehr so was wie ein Boß, der mit dem Flugzeug herumreist und Anweisungen gibt und vor dem alle Angst haben, obwohl er gut für sie sorgt. Er trägt sandfarbene Anzüge und rote Krawatten, so schmal wie Degenklingen, und eine goldene Halskette und am Handgelenk eine teure Uhr. Jede Sekretärin legt er flach, sie reißen sich darum, von ihm zum Diktat bestellt zu werden. Er macht es auf dem Schreibtisch. Oder am Pool. Oder im Penthouse. Und die Abteilungsleiter hat er im Griff, natürlich mit Unterstützung von ein paar harten Burschen, die immer bereit zum Austeilen sind. Er fährt einen Ferrari. Und auf der Autobahn bläst seine Sekretärin ihm einen. Nein, nicht schon wieder, sein Schwanz tut ihm längst weh.

»WIR WERDEN deine Verhandlung schon mal ein bißchen vorbereiten«, sagt die Frau vom Amt.

Julia Kampnagel ist von der Jugendgerichtshilfe und hat Savio erklärt, daß sie in der Verhandlung mitzureden habe.

So eine hübsche Sozialarbeiterin ist ihm noch nicht über den Weg gelaufen. Ob sie auf die ausgehungerten Blicke der Jungs hier abfährt? Sie trägt enge schwarze Hosen und einen cremefarbenen Wollpullover, unter dem sich ihre Körbchen abzeichnen, aber Savio läßt sich nichts anmerken. Die könnte sich mal ein wenig mehr um seine Aufmerksamkeit bemühen. Auf jeden Fall ist es ganz schön, sich mit jemandem zu unterhalten. Savio gerät ins Schwatzen.

»Und Sie sitzen dann da im Saal und sagen was?«

»Also es ist so, Savio, ich erzähle dem Gericht von dir, damit man sich ein Bild machen kann, ich meine, wie du dich voraussichtlich entwickeln wirst, Stichwort Sozialprognose und so. Wenn du da eine gute Figur abgibst, wird sich das auf die Höhe der Strafe auswirken.«

»Was meinen Sie mit guter Figur? Daß ich korrekt angezogen bin und so, ja?«

Julia Kampnagel lacht, sie faßt sich an den Hals und wirft den Kopf nach hinten, und Savio sieht ihre plombierten Backenzähne. »Nein, Savio, mit der guten Figur meine ich deine Perspektive und so, also daß du eine Ausbildung anfängst. Das wäre gut.«

»Ich hab doch nicht mal 'n Schulabschluß.«

»Darüber müßten wir reden, was es so für Möglichkeiten gibt.«

Savio denkt an den reichen Firmenboß und sieht sich als Gas-Wasser-Installateur daneben, das ist so einer dieser typischen Assi-Berufe, er kennt drei, die eine solche Lehre angefangen haben. Gas-Wasser-Scheiße.

»Was könntest du dir denn vorstellen?«

»Kfz-Schlosser vielleicht.« Das stimmt zwar nicht, Savio

hat noch nie an Maschinen geschraubt, aber es hört sich gut an, und garantiert wird er keinen Platz kriegen.

»Das ist schwierig, ist ja ein Traumberuf von vielen. Hast du nicht noch andere Vorstellungen?«

»Ich hab noch nicht drüber nachgedacht.«

»Na, das solltest du jetzt langsam mal tun, Savio, du wirst bald zwanzig.«

Dann will sie mit ihm über seine Kindheit reden. Aber Savio hat keine Lust mehr.

»Du, ich muß vorher einen schriftlichen Bericht machen, und je mehr ich weiß, desto besser kann ich dich einschätzen.«

Als sie den Kopf über ihr Blatt Papier neigt, das sie ganz schräg auf den Tisch gelegt hat, kann er ihren schlanken Nacken bewundern, denn der Pullover ist hinten tief ausgeschnitten.

»Ich hab meine Kindheit vergessen. Ich denk auch darüber nach.«

AM NÄCHSTEN VORMITTAG bittet Savio den Stationsbeamten um ein Vormelderformular. Er trägt seinen Namen, die Buchnummer und das Datum ein und schreibt:

»Sehr geerter Sozialdienst, hier mit bitte ich um ein Gesprech mit ihnen. Ich möchte mit meiner Grossmutter telefonieren weil sie meine einzigste Bezugsperson ist. Danke! S. Kuszcz – Bitte so schnell wie möglich!!! Danke!!!«

Gegen Nachmittag klopft es an die Zellentür. Savio, der, den Kopf auf den Armen, am Tisch gesessen hat, erwacht aus dem Dösen und ruft: »Ja!« Eine ältere Frau schließt auf und kommt herein. Sie hat dichte schwarze Locken auf dem Kopf wie eine große Mütze.

»Guten Tag, du bist Savio, nicht wahr? Mein Name ist Holland, und ich bin vom Sozialdienst. Du hast geschrieben, daß du telefonieren willst.«

»Ja, mit meiner Großmutter. Ich wohne bei ihr.«

»Du hast aber gar keine Telefonerlaubnis. Die muß erst bei der Staatsanwaltschaft beantragt werden. Wenn du mal mitkommst in mein Büro, können wir das erledigen.«

»Ich dachte, einen Anruf hat man immer.«

»Ja, am Anfang, wenn jemand informiert werden muß, aber das macht meistens der Haftrichter. Da hättest du bei deiner Verhaftung gleich was sagen müssen.«

»Ich wußte das nicht«, versetzt er.

»Na, inzwischen wird deine Großmutter ja hoffentlich wissen, wo du steckst. Man kann ja auch schreiben. Ein Kärtchen aus Plötzensee.«

Sie hat was Kesses, denkt Savio, und einen Silberblick. Aber sie hat recht. Savio guckt betroffen.

»Hm, na komm mal mit.«

Savio folgt Frau Holland in ihr Büro, ein gemütliches Zimmer, an der Wand steht sogar ein Sofa. Auf ihrem Schreibtisch hat sie eine Schale Bonbons, und an den Wänden sind selbstgemalte Bilder mit Stecknadeln befestigt. Sieht ein bißchen nach Kindergarten aus, findet Savio, aber es stört ihn nicht. Beide setzen sich, eine Akte wird aufgeschlagen.

»So, Sie haben also ein Kassiber geschickt. Das wird auch an den Staatsanwalt gegangen sein. Na, ich versuch's mal zu ignorieren, vielleicht haben wir ja Glück.«

Sie läßt sich mit der Geschäftsstelle im Amtsgericht verbinden und bittet, in das Zimmer des Staatsanwaltes durchgestellt zu werden. Dann liest sie das entsprechende Aktenzeichen vor, und nach einer Pause sagt sie:

»Holland, Jugendstrafanstalt, Sozialdienst. Herr Branst, hier sitzt ein junger Mann vor mir, Savio Kuszcz, und sagt, er weiß gar nicht genau, ob seine Großmutter informiert ist über seine Inhaftierung. Ich möchte Sie daher um eine einmalige Telefongenehmigung bitten.«

Frau Holland lauscht und macht dann mehrmals »Mmh, ja, mmh«, und schon ist das Gespräch zu Ende.

»Also, Savio, tut mir leid, er erlaubt es nicht. Er sagt, schließlich könne ich selbst anrufen, und alles andere will er schriftlich haben. Und er weiß auch schon, daß du hier in der Absonderung wegen des Kassibers bist. Das ist gewiß keine gute Voraussetzung für eine Telefongenehmigung. Wird kaum Sinn haben, der Antrag. Aber wenn du willst, kann ich für dich anrufen.«

»Na, wär schon gut, vielleicht kommt sie mich besuchen.«

Frau Holland nimmt den Hörer ab, Savio sagt ihr die Nummer. Simita meldet sich.

»Spreche ich mit Frau Kuszcz?«

Savio hört es aus dem Hörer krächzen, und ihm wird flau.

»Ihr Enkel sitzt mir gegenüber. Er möchte mit Ihnen sprechen, bitte fassen Sie sich kurz.« Frau Holland reicht den Hörer herüber, sie verzichtet darauf, mitzuhören.

Savio, überrascht, ist plötzlich heiser. Aus Verlegenheit fragt er, wie es Simita gehe. Wie es ihm gehe, fragt sie sofort zurück, und dann herrscht erst mal Stille. Irgendwann sagt Savio, es gehe ihm gut. Simita will wissen, warum er um Himmels willen im Gefängnis sitze, und er antwortet, es sei nur Untersuchungshaft, er werde bestimmt bald herauskommen, er habe eine Anwältin, es sei eine dumme Geschichte passiert, aber letztlich alles ein Irrtum. Frau Holland bedeutet ihm, nicht über seine Tat zu sprechen, und

Savio sagt, er dürfe jetzt gerade nicht weiter darüber reden. Als Simita fragt, ob sie ihn besuchen kommen könne, freut er sich, denn darauf die Sprache zu bringen hätte er nicht gewagt. Er bittet Frau Holland, ihm die Adresse der Haftanstalt zu nennen, aber sie sagt, sie werde der Großmutter die Besuchsregelung lieber selbst erklären. Savio und Simita verabschieden sich schnell, denn Savio weiß nicht, was er ihr noch sagen soll, fast hätte er sich nach dem Hund erkundigt. Als die Sozialarbeiterin den Hörer wieder in der Hand hat, erklärt sie Simita Kuszcz, sie müsse sich an die Staatsanwaltschaft wenden wegen einer Besuchsgenehmigung, sie dürfe Wäsche mitbringen und auch Geld, nämlich fünfundzwanzig Mark in Münzen für die Automaten im Besucherraum. Auch Geld zu überweisen sei möglich, so daß Savio am vierzehntägigen bargeldlosen Gefangeneneinkauf teilnehmen könne. Dann legt sie auf.

MITTLERWEILE ist Savio fast sechs Wochen im Gefängnis. Da bekommt er einen amtlichen Brief, er erkennt das an dem Fenster und einem kleinen gelben Etikett, das eine Amtsbezeichnung der Justiz trägt. Steht da etwa schon ein Urteil drin? Savio ist mulmig, aber er setzt eine gleichmütige Miene auf und reißt das Kuvert auf. Es enthält die Ladung zur Haftprüfung. Der Termin ist auf übermorgen um elf Uhr festgesetzt.

Zwei Tage später fährt er mit dem Sammeltransport um halb acht nach Moabit zum Amtsgericht und wird in eine Kellerzelle gesperrt. Um halb elf macht er sich fertig, zieht seinen Pullover gerade, reibt mit Spucke auf einem Fleck auf der Hose herum, fährt sich durchs Haar. Eine Viertelstunde vor elf wird er unruhig, jetzt müßte ihn doch jemand abholen kommen. Hoffentlich vergessen die ihn nicht. Ob es so was gibt? In der Zelle vergessen? Auch um elf Uhr rührt sich noch nichts, es wird zehn nach, es wird vierzehn nach. Endlich hört er Schlüssel klappern.

Durch lange Gänge führt man ihn in das Arbeitszimmer des Richters. Seine Anwältin und zwei Herren warten schon. Sie tragen Zivil, keine schwarzen Roben. Der Richter hinter seinen Aktentürmen, mit randloser Brille und Bürstenschnitt, wirkt fast jugendlich. Frau Sperling raunt Savio zu, der zweite sei Staatsanwalt Branst. Dieser hat nur einen Seitenblick für ihn übrig, konzentriert sich auf einen Zettel mit Notizen, den er an die Akte geklammert hat.

Dann fängt er an zu reden. Er ist dagegen, Savio aus der Untersuchungshaft zu entlassen. Die Gefahr, daß er die noch immer nicht aufgefundene Pistole beseitige, sei zu groß. Schließlich handele es sich um das Hauptbeweisstück, es sei entscheidend für den Prozeß.

Spreche es nicht schon gegen den Vorwurf an sich, wenn nach vier Wochen Ermittlung noch nicht einmal das Hauptbeweisstück vorliege, das, um es gleich deutlich zu sagen, ohnehin das einzige sei, wirft Frau Sperling ein. Außerdem gebe es nicht einen Zeugen, der das Vorhandensein einer Waffe bestätigen könne, abgesehen von dem Geschädigten, der ihrer Ansicht nach die Pistole aber erfunden habe. »Sicher, meine Ansicht spielt hier keine Rolle«, sagt Frau Sperling noch. »Wichtig ist hingegen, daß es keinen vernünftigen Grund gibt, die Haft von Herrn Kuszcz fortbestehen zu lassen.«

Der Richter nickt Staatsanwalt Branst zu, erteilt ihm das Wort.

»Das Opfer hat doch überhaupt kein Motiv gehabt, eine

Pistole zu erfinden. Der Beschuldigte hingegen hat erfolgreich einen Raub ausgeführt. In meinen Augen liegt es nahe, daß er die Pistole weggeworfen oder einem unbekannten Dritten übergeben hat.«

Um den Raub, antwortet wieder Renate Sperling, gehe es bei der Haftprüfung doch gar nicht. In der polizeilichen Vernehmung habe sich ihr Mandant geständig gezeigt. Dabei bleibe er auch. Vielmehr gehe es hier um den Sachbeweis für Besitz und Anwendung einer Schußwaffe, um die Frage nämlich, ob Verdunkelungsgefahr bestehe.

Frau Sperling hält inne, wirft Savio einen Blick zu.

»Fragen wir uns doch lieber, ob hier nicht eine Notlüge des Opfers vorliegt. Da ist ein Jugendlicher, der sein Gesicht wahren will. Es ist für einen jungen Mann nicht einfach zu verarbeiten, daß er von einem anderen einfach niedergeschlagen wird. Versuchen wir doch, uns mal in seine Lage zu versetzen. Das hat was mit dem Verlust von Ehrgefühl zu tun, und daraus ergibt sich, daß der Unterlegene die Bedrohung etwas aufbauscht. Das ist für mich ein naheliegender Schluß, und da frage ich mich, ob sich der Zeuge mit seinem Verhalten, so verständlich es ist, nicht sogar strafbar macht.«

Herr Branst wartet nicht ab, bis der Richter ihm das Wort gibt, so sehr ist er in Wallung geraten. »Woher haben Sie, Frau Rechtsanwältin, bitte schön Kenntnis von der Psyche des Opfers? Gehen Sie mit dieser Umkehrung der Verhältnisse nicht ein wenig zu weit?«

Frau Sperling schweigt. Savio, der die ganze Zeit mit gesenktem Kopf neben ihr gesessen hat, guckt hoch. Der Richter blickt aus der Akte auf.

»Ja? Frau Sperling?«

»Wenn Sie gestatten«, sagt Frau Sperling ruhig. »In aller Kürze, versteht sich.« Die polizeilichen Informationen sprächen für sich, sie wolle sie nicht wiederholen. Der junge Mann und dessen Aussage seien darüber hinaus nicht Gegenstand der Verteidigung. Daß es keine Waffe gegeben habe, gehe aus den Untersuchungen der Polizei deutlich hervor. Schließlich habe man auch in der Wohnung, die noch am selben Abend durchsucht worden sei – die Rechtmäßigkeit dieser Durchsuchung bleibe einmal dahingestellt, denn bei einer so offensichtlich spontanen Tat das Vorhandensein eines Tatplanes zu vermuten zeuge von einem schwachen Realitätsempfinden, wenn es sich hier nicht gar um Rechtsbeugung handele, aber gut –, in der Wohnung also habe man nicht einmal einen Putzlappen gefunden, in den eine Pistole hätte eingewickelt gewesen sein können, auch keine Patronenverpackung oder ähnliches. Einfach gar nichts. Sie für ihre Person, Frau Sperling legt die Hand flach auf den Busen und schiebt den Kopf etwas vor, sie würde hier nicht mehr von Zweifeln sprechen, nein, sie sei geradezu sicher, daß keine Schußwaffe im Spiel gewesen sei. Daher beantrage sie für ihren Mandanten die Aussetzung der Untersuchungshaft beziehungsweise die Aufhebung des Haftbefehls. Andere Gründe könnten schließlich ebensowenig geltend gemacht werden, Savio Kuszcz sei überdies nicht einmal vorbestraft.

Der Richter hat sich immer wieder Notizen gemacht, jetzt guckt er auf die Uhr über der Tür, zieht die Stirn kraus und hebt die Oberlippe ein wenig. »Herr Staatsanwalt, haben Sie noch was?«

»Nein.«

»Frau Anwältin?«

»Danke, nein.«

»Dann ergeht folgender Beschluß: Weil Haftgründe gemäß StPO nicht mehr bestehen, wird der Haftbefehl aufgehoben und der Beschuldigte entlassen. Ich danke Ihnen. Frau Sperling, wie sich Ihr Mandant bis zur mündlichen Verhandlung zu verhalten hat, erklären Sie ihm bitte.«

»ES IST DIESES JAHR schon der dritte.«

»Denk mal an, dabei haben wir erst März.«

»Wenn einer anfängt, dann sind gleich ein paar mehr dabei, immer dasselbe.«

»Waren es nicht schon vier?«

»Hm, nein, zu Neujahr hatte ein Rumäne geschnippelt, aber den haben sie wieder hingekriegt. Die Rumänen machen selten ernst.«

»Wie der Rumäne mit den verschluckten Rasierklingen.«

»Das war wirklich stark.«

»Der war garantiert auch älter als sechzehn, der hatte doch Knasterfahrung. Ich hab den mal im Vertretungsdienst gehabt.«

»Für den war ja diese Handwurzeluntersuchung vorgesehen, um sein Alter festzustellen, aber dann war's zu spät.«

»Und dann hatten wir noch eine Krawatte.«

»Ja, das macht also zwei, und heute war's der dritte.«

»Stimmt. Und wie hat der's gemacht?«

»Krawatte, auch.«

»Am Fenster?«

»Am Türrahmen. Das war so 'n Kleiner, den sie vergewaltigt hatten, der Verrückte mit der schiefen Gusche.«

»Scheiße, du machst die Tür auf, und dann baumelt dir gleich einer ins Gesicht. Wer hat ihn denn gefunden?«

»Der Lothar, früh bei der Lebendkontrolle. Apropos Dienst.« Der ältere der beiden Beamten greift auf dem Tresen liegende Akten. »Ich muß«, sagt er, und beide verlassen die Geschäftsstelle, in der Savio soeben seine Entlassungspapiere entgegengenommen hat.

Die mißlaunige Frau hinter dem Tresen will er nicht fragen, ob der kleine Andi jetzt wirklich tot ist. Tot und nackt und bleich unter weißer Plane und mit einem Schildchen am großen Zeh. Das geht Savio nahe, und stumm quittiert er den Empfang seiner Brieftasche, in der sich seine Papiere und einige Zettel mit Telefonnummern befinden, auch Fotos von seiner Mutter und von Jenny bewahrt er darin auf. Dann schlurft er durch die elektrisch bediente Tür, plopp, auf die Straße.

3. KAPITEL

Savio steht auf dem von struppigen Baumkronen überdachten Gehsteig. Ihm kommt es ganz seltsam vor, nun wieder einen Weg zurücklegen zu sollen, ohne daß jemand mit einem Schlüssel vor und hinter ihm an Pforten rasselt, ihn warten heißt und dann nach links oder rechts dirigiert. Es ist plötzlich auch so hell, und derselbe Wind, der in der Anstalt wie flüchtiger Besuch über den Hof hinwegflog, weht ihm hier kräftig und kühl ins Gesicht. Savio legt den Kopf zurück und begutachtet zwischen den kahlen Bäumen hindurch den Himmel aus schmalgekniffenen Augen: eine Fläche von ziemlicher Weite, deren Blau ein Gelb beigemischt ist von der Sonne, was einen grünen Hauch ergibt. So hat Savio das noch nie gesehen. Er streicht sich durchs Haar, biegt das Kreuz durch und wendet sich nach links, denn dort ist die Bushaltestelle. Die Frau in der Geschäftsstelle hat es ihm noch gesagt und ihm auch einen Fahrschein mitgegeben.

Es ist März. In den Vorgärten leuchtet das Gras wie angepinselt grün, und an manchen Sträuchern beginnen sich kleine gelbe Blüten aufzurollen. Beim Gehen stelzt Savio ein bißchen, denn nach sechs Wochen überwachten Tippelns ist er das Ausschreiten gar nicht mehr gewöhnt. Er spürt Sehnen und Muskelstränge, die sich in seinen Beinen schmerzhaft dehnen.

Bald kommt der Bus. Savio steigt ein und sieht sich um. Sein Blick fällt auf ein Kind, das am Fenster neben einer breiten Mutter sitzt, die über das Kind hinweg nach draußen guckt. Das Kind erwidert seinen Blick, dann dreht es den Kopf zum Fenster, schon schnellt er zurück, die kleine Nase bohrt sich der Mutter in die Seite. Die legt ihren Arm ums Kind, und ihr hühnerhalsiges Doppelkinn ruckelt zufrieden.

Savios Blick wandert weiter. Eine alte Frau zieht ihre Handtasche vom Sitz auf den Schoß und umklammert sie. Sieht man ihm an, woher er kommt? Im Gesicht hat er ein paar Pickel gekriegt, das Knastwasser ist so kalkig. Und was ist mit der jungen Frau, die, aufwendig zurechtgemacht, derart konzentriert aus dem Fenster starrt, obwohl es da nichts zu sehen gibt außer grauer Straße, grauen Fassaden, überall Grau? Savio freut sich, bezieht das Hinausstarren, das Weggucken der jungen Frau auf keinen anderen als auf sich selbst. Na also, die Pickel sind gar nicht so schlimm.

Eine Familie steigt ein, bestehend aus einem blassen, dünnen, sehr jungen Vater in schlotterndem Jeansanzug, einer stämmigen Mutter, die in enge Hosen gequetscht ist wie eine Wurst, spitze Schuhe trägt und eine lange Lederjacke übergeworfen hat, sowie einem dicken Mädchen, das in einem unvorteilhaften Rüschenkleid steckt. Mutter und Tochter haben das Haar straff nach hinten zu einem Zopf zurechtgezurrt, die Mutter trägt auf dem Hinterkopf eine violett schimmernde Schleife.

»Denise, setz disch hin«, sagt die Mutter laut. »Nisch da! Da is Schocklade.«

Das Kind will sich nicht hinsetzen, sondern in der Nähe der Mutter bleiben.

»Halt disch fest«, die Mutter wird ungeduldig.

Das Kind sagt nichts, es wirkt groß, muß schon zehn sein. Tumb starrt es herum. Dann dreht es sich zur Mutter, wobei sich die Füße nicht mitdrehen, und drückt aufschauend das Kinn in den mütterlichen Leib.

»Wat maulste denn?« gibt die Mutter unwillig nach unten. Sie hat gerade leise mit ihrem Mann gesprochen und ihm liebevoll über sein strähniges, butterkeksblondes Haar gestrichen.

»Wir sind glei' da«, kläfft der Mann, um einen fürsorglichen Ton bemüht. Ihm fehlen vorne ein paar Zähne.

»Wenn de müde bist, hättn wa disch ßu Hause hinjelegt. Hättst ja nisch mitkomm' müssen ßun Turmstraßenfest.«

»Keule kommt och«, schiebt der Mann heiser nach, wobei er zu lächeln versucht, was wegen der fehlenden Zähne zur Grimasse gerät.

Jetzt guckt auch die Mutter freundlich. Das Kind dreht sich zum Fenster. Es drückt den Bauch heraus, und seine Beine formen ein X unter dem knielangen Kleid. Sein Gesicht ist weiß und rund, die Mulden der Augen erinnern an Täler auf dem Mond. Es stülpt die schmalen, feuchten Lippen hervor zu einem Schmollen. Die rechte Hand liegt flach und käsig auf der Lederjacke der Mutter, der linke Arm hängt herab wie ein dritter Zopf.

Inzwischen ist der Bus in der Innenstadt angekommen, und Savio steigt aus. Er geht noch nicht nach Hause. Ratlosigkeit ergreift ihn, was er gar nicht kennt. Fast ist es ein Schwindel. Jetzt Milutin zu treffen, das wäre gut. Es ist zwei Uhr nachmittags, er wird vielleicht nicht da sein.

»Ja?« krächzt eine Frauenstimme aus der Gegensprechanlage.

»Ist Milu zu Hause?«

»Wer is 'n da?«

»Savio.«

»Milutin is auf Arbeit.«

»Wo denn?«

»Komm heute abend wieder, Junge, ich hab keine Zeit.«

Arbeiten? Milu? Savio dreht sich um. Wohin nun? Er trottet die Straße entlang in Richtung U-Bahn. Er ist zu warm angezogen, trägt noch die Sachen von jener Nacht im Januar, als er von der Schönhauser Allee weggefangen wurde. Schon brennt die Sonne, immer ist es gleich so heiß, warum kann es nicht mal einen milden Frühling geben? Er zieht die Jacke aus und legt sie sich auf die rechte Schulter, steckt die Hände in die Hosentaschen, aber ihm ist nicht wohl dabei. Noch immer hat er keine rechte Vorstellung, wie er aussieht, wie er wirkt, was er darstellt. Er zieht die Jacke wieder an und fängt an zu schwitzen, kommt sich wie ein Penner vor.

Auf der Treppe in den U-Bahnschacht ist es kühler. Er atmet auf. Fährt bis Alexanderplatz, steigt dort um und fährt weiter zur Schönhauser Allee. Vor sechs Wochen wurde er vor einer Videothek gefangengenommen. Im Schaufenster steht jetzt Arnold Schwarzenegger als lebensgroße Pappfigur und richtet seine Maschinenpistole auf die Passanten. Am Tage hat der Ort etwas von einer Kindheitserinnerung, die Festnahme scheint Jahre zurückzuliegen. Savio biegt in die Kuglerstraße ein. Hier wohnt der Bursche, den er niedergeschlagen hat, aber Savio würde ihn nicht erkennen, so genau hat er ihn sich nicht angesehen. Trotzdem schaut er sich nach ihm um.

Bei Licht sieht alles anders aus. Die Kuglerstraße, von der Schönhauser Allee abzweigend und bis zur östlich gelegenen Prenzlauer Allee reichend, führt durch den alten Innenstadtbezirk Prenzlauer Berg im Nordosten Berlins mit vierstöckigen, den Ausblick auf den Himmel verengenden Häusern, die nach Jahrzehnten des Verfalls allmählich neue Fenster und Fassaden bekommen, über Reste des Stucks geklebte zierlose, rauhe Fronten aus orangenem Styropor beispielsweise. Hier wohnen aus bayerischen Bildungsstädten herabgezogene Geistesarbeiter, die – früh geweckt vom Tosen der ostdeutschen Druckspülung in der darüberliegenden Wohnung – zum Morgentee um acht in ihren liebevoll und mit Lebensart eingerichteten Salons Giuseppe Tomasi di Lampedusa lesen, neben der angestammten Kiezbevölkerung: alten Frauen, die am Tage durch die Straßen streifen, zum Frisör, zur Sparkasse, zum Einkauf, und sich, stehenbleibend, mit Gleichaltrigen unterhalten, dabei mit munteren braunen oder blaßblauen Augen hinter großen Brillen mal mißtrauisch, mal freundlich, mal starr und schielend umherblicken, Frauen mit betagten mopsigen Hunden an der Leine, gebeugten Frauen und forsch ausschreitenden, beleibten zuckerkranken und dünnen magenkranken, einsamen und geselligen Frauen, die noch Kuchen backen und, man glaubt es kaum, nach getrockneten Apfelringen duften, und ein paar Männern. Es fallen nur die deklassierten auf, die arbeitslosen, früh vergreisten Trinker mit weißen Bartstoppeln, die morgens in die »Truxa« Bier-Bar Berliner Straße schlurfen, deren Bedeutung in der DDR-Literatur sie nicht kennen, Männer, die mittags am Imbiß Humannplatz ein Fläschchen kippen und in die »Oase« Pappelallee weiterziehen zu Bratwurst, Rotkohl, Kartoffeln mit Getränk nach Wahl für sieben Mark. Die ganz Armen mit den schiefen schwarzen Zähnen im zusammengeknautschten Mund kaufen sich Büchsenbier und sitzen unweit der »Oase« vor des Kaiser's Supermarkt an der Brücke unter ein, zwei Büschen bei den Fahrradständern beisammen, in Gesellschaft einiger Hunde mit noch schlechteren Zähnen, die, wenn sie schief gucken, eine Ohrfeige bekommen, Zottelhunden, die mitleidige Blicke aus den Augenwinkeln auf sich ziehen, weil sie am Hintern ihr Fell verlieren. Selbst an Wintertagen, wenn die Kälte nicht zu sehr schneidet, sitzen vor der Kaufhalle immer ein oder zwei junge Bettler auf dem Boden, nur eine Decke untergelegt und Kapuzen über den Kopf gezogen, sie lehnen an der Litfaßsäule und warten, daß ihnen jemand Münzen zuwirft. Allmählich ziehen auch ein paar Türken zu und einige Asiaten, die kleine Läden betreiben: Lebensmittel, Zeitungen, Blusen, Blumen.

Savio ist durch die Kuglerstraße gegangen und in die Varnhagenstraße abgebogen. Sein Schritt ist schneller geworden.

»Ah, du! Komm rein, wo warste so lange? Hab gehört, du warst im Knast?«

»Alter! Bin richtig froh, dich zu sehen.«

Die beiden umarmen sich, Maik klopft Savio auf die Schulter und schiebt ihn ins Wohnzimmer. Dort bietet er ihm ein Bier an, und Savio sagt, er wisse jetzt, worauf er die ganze Zeit gewartet habe. Er hat seine Jacke fallen lassen und macht es sich auf der Couch bequem.

»Du sitzt hier schön im Fett, Alter. Ich muß auch 'ne eigene Wohnung haben.«

Mit einem Feuerzeug werden die Kronkorken unter schnalzendem Geräusch von den Flaschenhälsen gerissen. Man trinkt. Maik blickt dem Freund neugierig ins Gesicht.

»Biste wirklich im Gefängnis gewesen?« fragt er.

»Ja, Mann, sechs Wochen Plötze, mit Isolierung und allem Drum und Dran.«

Savio wendet keine Energie für Schnörkel des Heldentums auf, überlegt vielmehr, was er verschweigen soll. Er verschweigt, wie sehr ihm die Isolierung zugesetzt hat, und erzählt statt dessen Nebensächlichkeiten, vom Schlüsselklappern zum Beispiel. Es sei ein bißchen wie in einem Heim gewesen, sagt er und versucht, damit Maik einen Eindruck zu vermitteln, bloß daß man eben sein Zimmer nicht verlassen könne, das gehe nur im Aufschluß.

»Aufschluß? Was 'n das?«

Savio ist überrascht. Sollte er sich in den Wochen seiner Haft so weit von seinem Freund entfernt haben, daß sie nicht mehr dieselbe Sprache sprechen? Beunruhigt lenkt er ab: »Hey, gekillt hat sich auch einer, was da für Leute rumlaufen! Ein Vergewaltiger. Sah auch so aus, völlig abgewichst, mit achtzehn keine Zähne mehr und so. Hat sich am Türrahmen aufgehängt.«

»Hast du's gesehen?«

»Nee, zum Glück nicht. Die Schließer haben sich das erzählt.«

Zwei weitere Bierflaschen werden aufgehebelt und ein Joint gerollt. Savio rutscht tiefer in die Couch, legt den Kopf zurück, nimmt einen Zug, inhaliert, spürt Wärme durch den Leib fließen, behält den Rauch in der Brust und atmet aus. Eine dünne, helle Schwade steigt zur Zimmerdecke auf. Schnell verflüchtigt sie sich, der Abglanz der durchs schmutzige Fenster einfallenden Nachmittagssonne erfüllt den ganzen Raum. Savios Gesicht entspannt sich, die Augenbrauenmuskeln scheinen zu erschlaffen, die äußeren

Nasenwände schwer zu werden, die Lippen sich mit Blut zu füllen.

Beide schweigen.

»Was macht 'n Jenny?« fragt Savio nach einer Weile.

Maik räuspert sich. »Keine Ahnung«, sagt er etwas rauh.

Savio schiebt das aufkommende Mißtrauen weg. Bloß nicht gleich wieder Streß.

Nachdenklichkeit macht sich breit.

»Laß mal was futtern«, sagt Maik dann und steht auf. »Du hast doch bestimmt seit Wochen nichts Anständiges mehr gekriegt!«

»Mann, recht haste. Daran hab ich ja noch gar nicht gedacht.« Savio schlägt sich mit der flachen Hand an die Stirn. »Essen, Schlafen, Kiffen, Poppen fehlen einem im Knast am meisten. Echt.« Umständlich schraubt er sich aus dem Sofa raus.

»Schlafen auch?« fragt Maik. »Schläft man dort nicht den ganzen Tag?«

»Das ist kein Schlafen. Du liegst herum, Augen auf, Augen zu, egal. Die Zeit vergeht, das ist das einzige, was zählt. Und immerzu wirste geweckt, ständig ist Krach. Tagsüber die Schlüssel um dich rum, Mann, das nervt, da braucht nur einer übern Flur zu gehen, durch die Eisentüren hörste alles. Na, und dann erst mal das Geklirr von den Gitterkontrollen, und nachts quatschen die andern von Fenster zu Fenster.«

»Verstehe.« Maik weiß nicht, was er sagen soll. Dann fragt er: »Also was willste essen? Was vom Italiener? In der Schönhauser ist einer. Inder gibt's auch.«

»Weißte, am liebsten will ich 'nen Döner. Habt ihr 'nen guten hier? Sonst laß uns zum Schlesischen Tor fahren.«

»Nee, unten inner Schönhauser, der ist auch gut.«

Savio sieht ihn schon vor sich, erst von der Seite, im Papier, dann von oben, feingeschnittenen Salat und saftiges Fleisch, Kleckse von Knoblauchcreme.

»TAMARYOUKU-CHA. Kokai-Cha. Tamaryouku-Cha. Kokai-Cha. Tamaryouku-Cha. Kokai-Cha.«

Vor sich hin murmelnd, betritt Jürgen Sottnick den Teeladen. In der Tür muß er den Kopf etwas neigen, denn er ist groß und wirkt noch größer durch sein wie Straßenbesenborsten aufgestelltes rotes Haar. Er steuert auf die Theke zu.

»Ich hätte gern, Moment, jetzt hab ich die Namen doch vergessen.«

Er zieht einen Zettel aus der Jackentasche und lacht.

»Also, ich hätte gern ein Päckchen Tamaryouku-Cha und hundert Gramm Kokai-Cha.«

Die kleine Verkäuferin, das Hochgucken zu den Kunden gewöhnt, staunt über die, wenn auch nur abgelesenen, Kenntnisse und sagt: »Ah, hier will jemand mal was besonders Gutes.«

Jürgen, der dahinter geschäftsmäßige Freundlichkeit wittert, freut sich trotzdem. Er kauft auch ein Teethermometer, weil er des Schätzens überdrüssig ist. Grüner Tee muß ungefähr siebzig Grad heißes Wasser kriegen, aber wie soll man das so hinbekommen? In einer großen Kanne braucht aufgekochtes Wasser viel länger zum Abkühlen als in einer Tasse. Auch die Raumtemperatur spielt eine Rolle. Im Sommer können in der Küche achtundzwanzig Grad sein, an Wintermorgen, wenn er die Heizung nachts heruntergedreht hat, nicht mal achtzehn. Also besser ein Thermometer in die Kanne stellen und die Optimaltemperatur abwarten, bevor er den in einen Filterbeutel gefüllten Tee für knapp dreißig Sekunden schwenkt, gerade so lange, bis das Wasser eine zartgrüne Färbung annimmt und die Nebelschwädchen nach Meer duften, nach Algen, nach japanischen Feldern mit von der Sonne geküßten Teesträuchern oder, wenn es Genmai-Cha ist, nach Suppe, denn der enthält gerösteten Reis.

Wenig später erreicht Jürgen das in einem dreistöckigen ehemaligen Verwaltungsbau gelegene Büro in der Danziger Straße. Er ist der erste an diesem Vormittag, gegen elf werden die beiden andern kommen, spätestens bis vierzehn Uhr, zur wöchentlichen Sitzung. Heute ist viel zu besprechen, und Jürgen will sich noch mit den neuen Bestimmungen vertraut machen, die der Berliner Senat für soziale Wohnprojekte erlassen hat. Die Höhe der Finanzierung soll jetzt von der Anzahl der Betreuten abhängen, die Pauschale wurde abgeschafft. Konsequenz: Man muß den Leerstand reduzieren. Die von Brigitte betreuten Wohnungen sind gut ausgelastet, seine eigenen auch, nur die von Claudia nicht. Claudia ist einfach nicht genug hinterher, sie ist zu mäklig, auch zu wählerisch. Jürgen weiß schon, daß es Streit geben wird. Außerdem hat die Geschäftsleitung des Vereins gefordert, einen Teamleiter zu bestimmen. Da bleibt nur er, stellt Jürgen fest, denn Brigitte möchte gerne auf halbtags reduzieren – ihr Mann ist seit Jahresanfang in Rente, und das Paar will mehr Zeit füreinander haben –, und Claudia bringt die Leistung nicht. Aber wer weiß, ob Claudia will, daß er ihr Chef wird, denn ein bißchen mehr Kohle gibt's für die Führungsposition schon. Die kollektive Leitung verteidigt sie mit Zähnen und Klauen, hat sich aber an den administrativen Aufgaben und an Vereinssitzungen nie beteiligt.

Jürgen setzt Teewasser auf. Lauter schmutziges Geschirr. Wer ist mit dem Abwasch dran? Er guckt auf den Plan, der am Boiler mit Tesafilm befestigt ist. Claudia. Das wird heute auch besprochen.

»DU SOLLTEST EINE eigene Wohnung haben«, sagt Julia Kampnagel von der Jugendgerichtshilfe, in deren Büro nun Savio sitzt.

Warum heißt so eine hübsche Frau ausgerechnet Nagel, fragt sich Savio und schlägt die Beine übereinander. »Ja«, entgegnet er mit zartem Lächeln, »find ich auch. Aber ich krieg keine.«

»Vielleicht doch. Hast du schon mal vom Betreuten Wohnen gehört?« Sie hält die Arme auf dem Tisch verschränkt, als würde sie frösteln.

»Ich zieh nicht ins Heim, vergessen Sie's.«

»Also, du hast nicht. Gut. Ich werde dir erklären, was es mit dem Betreuten Wohnen auf sich hat. Nein, Savio, das ist kein Heim. Das ist eine Einrichtung, die dabei hilft, ein Stück weit selbständig zu werden. Man kriegt eine eigene Wohnung. Und Hilfe von Sozialarbeitern.«

»Ah, hm.«

»Und ich glaube, daß du die brauchst.«

Das könne schon sein, daß er Hilfe brauche, versetzt Savio, wobei er erst auf ihren Hals, dann auf ihren kleinen, hochstehenden Busen sieht. »Was wär denn das für eine Wohnung«, fragt er, »wohnen die Sozialarbeiter im selben Haus?«

Julia Kampnagel schüttelt den Kopf. »Das sind ganz normale Wohnungen in Mietshäusern, die Sozialarbeiter haben ihr Büro woanders.«

»Ich hab aber kein Geld für eine Wohnung.«

Auch für das Problem weiß Frau Kampnagel eine Lösung. Das Sozialamt werde die Kosten übernehmen, aber sie wolle sich nur unter ganz bestimmten Bedingungen für ihn einsetzen.

Savio zieht fragend die Augenbrauen hoch.

»Du mußt etwas für deine Selbständigkeit tun.«

»Jaja, ist mir klar. Wo ist denn die Wohnung? Nach Spandau zieh ich nicht.« Er fängt einen kritischen Blick auf. »Ich mein ja nur«, schiebt er nach und rutscht auf seinem Stuhl hin und her.

»Ich weiß nicht, ob dir klar ist, was ich sagen will. Ich erwarte, daß du dich um einen Ausbildungsplatz kümmerst. Oder wieder zur Schule gehst.«

»Hm, okay.«

»Nein, damit ist es nicht getan. Wirklich nicht. Die Sozialarbeiter im Wohnprojekt und ich würden mit dir gemeinsam einen Plan erarbeiten.«

»Hm, okay.«

Julia Kampnagel sieht ihn streng an.

»Also ich meine, okay, einen Plan, ja, können wir machen. Unbedingt. Wir sollten einen Plan machen. Plan ist gut.«

Sie runzelt die Stirn. »Ich weiß noch immer nicht, ob du den Ernst deiner Lage wirklich verstanden hast.«

»Doch, den Ernst meiner Lage, ja, klar. Frau Kampnagel, ich war im Knast, ich war in Isolierung, ich will das echt nicht noch mal. Am letzten Tag hat sich einer umgebracht von meiner Gruppe.«

Vor Gericht, sagt sie bedeutungsvoll, vor Gericht werde es eine große Rolle spielen, welche Schritte Savio als nächste unternehme. Dann löst sie sich aus ihrer zierlichen

Selbstumarmung, greift in eine Schublade und legt eine Mappe auf den Tisch.

»SIMITA?!«

»Ja, Junge, bin im Schlafzimmer.« Simitas Arme stecken im Bettbezug, an den Zipfeln hält sie die Decke. »Hilf mir mal, zieh den Bezug runter, Savio.«

Savio greift hin. »Ich war heute bei der Sozialarbeiterin.«

Simita knöpft den Bezug zu. »Und?«

»Ich kann eine eigene Wohnung haben.«

»Ach«, Simita richtet sich auf und stemmt die Hände ins Kreuz. »Dazu muß man ins Gefängnis gehen?«

»Aber Simita, darüber haben wir doch schon geredet.«

»Schon möglich.« Sie schüttelt die Decke zurecht, faltet sie zusammen und streicht sie mit zwei schnellen Bewegungen glatt. Dann hebt sie die abgezogene Wäsche vom Boden auf und geht an Savio vorbei ins Badezimmer, wo sie sich an der Waschmaschine zu schaffen macht.

Savio schlendert ihr hinterher. »Wie findest du das mit der Wohnung? Eine Ausbildung mach ich auch.«

»Savio, wir müssen uns in Ruhe darüber unterhalten. Jetzt hab ich zu tun. Heute abend. Vielleicht gehst du heute abend mal nicht weg, was meinst du?«

»Hm, ja, ist gut. Ich hau erst mal ab, paar Sachen erledigen.«

AM ABEND sitzt Simita auf ihrer Couch. Allein. Savio streicht mit Milu herum, und später hocken sie mit zwei anderen auf den Betonstufen zu einer großfenstrigen Diskothek am Alexanderplatz, aus der bunte Lichter wie Blitze schlagen und das Stampfen der Tanzmusik dringt.

»Habt ihr welche gesehen, die wir kennen?« fragt Savio Maik, der schon mal drin gewesen ist.

»Ob Jenny da ist, will er wissen«, feixt Milu.

»Ah, Notstand, Savage, was?« ruft Maik. »Kann sein, sind 'n paar Chicas da. Du wirst schon eine abkriegen.«

»UND WAS WAR jetzt mit dem Mann?« erkundigt sich Jürgen.

»Der war nichts für uns.« Claudia Agthe heftet den Fragebogen in den Fragebogenordner.

Jürgen wirft seine Unterlagen auf den Tisch, geht zum Fenster, guckt hinaus, ohne etwas vom tristen Hof wahrzunehmen, holt Luft, dreht sich um und sagt: »Claudia, es geht doch nicht an, daß du Leute wegschickst bei deinem Leerstand, nur weil die nicht so aussehen, wie wir es gerne hätten. Was verlangst du denn? Das sind Haftentlassene!«

»Der war keiner.«

»Wie, was war er dann?«

Claudia schlägt den Ordner zu. »Obdachloser.«

Sie lehnt sich auf dem Stuhl zurück und reckt, sich dehnend, die Arme nach oben, schüttelt ihre langen blonden Haare und räkelt sich. Man kann sie nicht wirklich schön nennen, denkt Jürgen, aber sie hat Aura, da stört auch ihre stark gebogene Nase nicht. In ihren ein wenig hohlen Wangen fängt sich das Licht und wirft feine Schatten, die von den strapazierten Augenpartien ablenken, wo die Haut violett ist und winzige Fältchen von Auszehrung zeugen.

Brigitte Wisper kommt herein, in der Hand einen Becher Kaffee, über den sie einen Streifen Schokolade gelegt hat. »Habt ihr schon angefangen mit der Versammlung?«

»Ja, wir reden gerade darüber, wen wir aufnehmen und wen nicht.«

»Das hat so einen Bart, Jürgen«, sagt Brigitte und setzt sich neben Claudia.

»Ja, aber der Leerstand von Claudias Wohnungen hat auch einen Bart, und wir haben eine neue Finanzierungsrichtlinie ohne Bart und wir kriegen nie einen, wenn wir unsere Wohnungen nicht endlich besser auslasten.«

»Ich bin nicht scharf auf einen Bart.«

»Würde dir vielleicht stehen«, sagt Claudia.

»Kommt, das ist wirklich ein ernstes Problem.« Jürgen zieht einen Stuhl unterm Tisch hervor und setzt sich auch. »Ist noch Kaffee da?«

»In der Küche«, antwortet Brigitte.

Er steht wieder auf und verläßt das Zimmer.

»Ist ganz schön sauer heute, was«, raunt Brigitte Claudia zu. »Aber über deinen Leerstand müssen wir wirklich mal sprechen.«

»Ich nehm doch aber keinen stinkenden Obdachlosen vom Bahnhof Zoo, der mir die ganze Bude einsaut und von dem ich nie eine Miete sehe. Das ist doch sinnlos.«

»Manchmal denke ich, du hast den falschen Beruf«, sagt Jürgen, der im Reinkommen den letzten Satz gehört hat. »Sinnlos ist hier nie was, immer geht es darum, Zukunft zu schaffen, es geht um die Optimierung der Perspektive. Wir sind Sozialarbeiter, Sinnlosigkeit darf für uns keine Alternative sein.«

»Hast du denn den richtigen?« fragt Brigitte.

»Bitte?«

»Du wirst hier schon richtig sein, du optimierst immerzu die Perspektiven anderer Leute. Aber vielleicht wollen die das gar nicht.«

»Du mußt dich doch über mein Engagement nicht lustig

machen, es entspricht eben meinem individuellen Sosein. Bei dir mische ich mich ja auch nicht ein. Im übrigen kommen die Leute nun mal her, damit wir ihnen helfen.«

»Vielleicht wollen manche auch nur die Wohnung und nicht die Hilfe von deinem individuellen Sosein.«

»Klar, das gibt es auch.«

»Und deine eigene Perspektive optimierst du jetzt ebenfalls, stimmt's?«

»Wie bitte?«

»Du willst doch unser Teamleiter werden, oder etwa nicht?«

»Das müssen wir in Ruhe ausdiskutieren. Jeder von uns kann Teamleiter werden.«

Brigitte und Claudia werfen sich einen spöttischen Blick zu.

»Das Projekt muß im Mittelpunkt stehen. Ich gebe gern zu, daß ich mir Gedanken mache um die Perspektiven, die uns auf dem Markt bleiben. Unser Wohnprojekt ist in der Stadt nicht das einzige, und im Moment gibt es einen ziemlich großen Leerstand«, sagt Jürgen.

»Das Frauenmädchenwohnen wird schließen müssen, hab ich gehört.«

»Die haben aber schon eine ganze Weile so gut wie keine Auslastung. Gibt eben nicht so viele verprügelte Frauen.«

»Du mußt es ja wissen«, sagt jetzt Claudia.

»Also ich würde bestimmt auch nicht zu den beiden Schrapnellen gehen, wenn ich zu Hause rauswollte«, sagt Brigitte, »das muß mit der Zahl der wohnungsuchenden Frauen nicht zusammenhängen.«

»Kommt, wir wollen mal nach der Tagesordnung vorgehen und zuerst über die Vermietungen reden.«

»Und dann über dich als unsern künftigen Chef.« Brigitte stichelt. »Aber ich hab auch noch ein Problem. Einer von meinen Bewohnern dreht mal wieder durch. Das paßt ganz gut zu der Vermietungsfrage. Ich bin ja gegen Rausschmiß.«

Jürgen stützt sich mit verschränkten Armen auf den Tisch und zieht, wie er es in einem seiner ersten Kommunikationslehrwerke gelesen hat, aufmerksam die Brauen hoch. Claudia schweigt, zurückgelehnt. Brigitte hat die Beine übereinandergeschlagen, ihre rechte Hand liegt auf dem Knie. Sie trägt einen Ehering, und der breite goldene Reif erweckt einen soliden, häuslichen, ja mütterlichen Eindruck.

»Heute morgen um zehn bin ich in der Wohnung von Herrn Wal gewesen.«

»Ach, bei Herrn Wal«, unterbricht Jürgen. »Bewegt sich wieder mal der Teppich?«

Herr Wal gehörte früher zu seinen Klienten. Vor nun schon vier Jahren war er aus dem Gefängnis für Kurzstrafer entlassen worden, nachdem er eine Geldbuße abgesessen hatte. Anfangs gab es keine Probleme. Herr Wal war ein ruhiger Mieter, unterstützte ein Jahr sogar als Hausmeister das Projekt. Er war so häufig im Büro, daß Jürgen auf Hausbesuche verzichtete. Eines Tages hatte er in der Gegend zu tun, in der Herr Wal wohnte, und besuchte ihn doch. Aber Herr Wal wollte ihn nicht in seine Wohnung lassen. Jürgen wies auf die Zusammenarbeitsklausel im Betreuungsvertrag hin. Erst da ließ Herr Wal ihn rein. So etwas, sagte Jürgen später, habe er sein Lebtag nicht gesehen. Das in der Küche wildgestapelte Geschirr seit langem ungespült, die Herdplatte schwarz von übergekochten Mahlzeiten. In einer Tüte Nudeln zappelten Motten. Verfaulte Lebensmittel überall in der Wohnung. Maden. Ein Kammerjäger mußte kommen. Und Herrn Wal wurde eine andere, von Brigitte betreute Wohnung zugewiesen, wo er durch regelmäßige Kontrolle und Gespräche lernte, auf Sauberkeit zu achten.

»Nee, die Wohnung ist topp, aber«, Brigitte hält die Hand vor den Mund und räuspert sich, »er hat jetzt ein Hobby.« Verlegen schaut sie in die Runde. »Herr Wal sammelt Urin.«

»Was?«

»Er sammelt Urin?«

»Er hat einen Kanister auf dem Klo, und darin sammelt er seinen Urin.« Brigitte kichert. »Unser Herr Wal ist auf den Trichter gekommen, daß er jetzt eine Urintherapie machen will.«

Jürgen und Claudia schweigen.

»Tja, und ihr werdet kaum glauben, was er damit vorhat: Er will drin baden.«

»Bitte?« Jürgen beugt sich vor und läßt den Unterkiefer hängen. Dann sagt er: »Das kann doch nicht sein Ernst sein, Brigitte!«

»Doch. Er hat mir ausführlich erläutert, wie gut Urin für die Haut ist und daß er jetzt regelmäßig darin baden will. Immer, wenn er genug beisammen hat. Er trinkt jetzt zwei Liter Tee am Tag.«

Claudia schüttelt zum Zeichen ihrer Fassungslosigkeit ihr langes Haar nach vorn und schließt die Augen. Dann sagt sie: »Der Mann gehört auf Bonnies Ranch.«

»Hm«, macht Jürgen, »für das Bonhoeffer-Krankenhaus ist er noch nicht reif. Aber der Mann hat ein Problem. Und wenn ich mir das so durch den Kopf gehen lasse – wir sollten mal die Kollegen vom Sozialpsychologischen Dienst kontaktieren. Das überschreitet die sozialpädagogische Kompetenz. Was hast du denn zu ihm gesagt?«

»Ich hab versucht ihm zu erklären, daß alter Urin gefährlich werden kann.«

Claudia prustet los. »Sag mal, bist du Urinexpertin?«

»Na, irgendwas mußt du doch sagen in so einer Situation. Der ist doch erwachsen. Der denkt sich doch was dabei. Und da hab ich ihm erzählt, daß die Urintherapie mit frischem Urin gemacht wird.«

»Ich glaub, ich bin im falschen Film«, sagt Claudia, noch immer lachend.

»Aber er läßt sich nicht abbringen. Unser Herr Wal ist überzeugt, daß sich seine Haut verjüngen wird. ›Frische Spannkraft‹ oder so was hat er gesagt.«

»Spannkraft!« Claudia gackert, und jetzt lachen alle drei. Jürgen lacht eine kleine Tonfolge, zuerst ein tieferes Haha, dann fast ein Quieken, am Ende schnauft er und beginnt von vorn. Claudia beißt sich auf die Finger. Und Brigittes Gesicht wird tiefrot, ihre Schultern zucken, sie wackelt mit dem Kopf und bekommt feuchte Augen. Als das Gelächter nachläßt, sagt Claudia mit erstickter Stimme: »Der Wal in den Wellen des Eigenurins!«, und alle lachen aufs neue.

Irgendwann tupft sich Brigitte mit einem Taschentuch die Tränen weg. »Was soll ich denn mit ihm machen? Ich bin ganz ratlos.«

»Ich bin für einen Psychologen«, wiederholt Jürgen. »Das ist doch eine schwere Symptomatik. Der wird zu einer Bombe mit Zeitzünder, wenn wir jetzt nicht aufpassen.«

Claudia nickt. »Der wäre ja nicht der erste, dem die Sicherung durchknallt.«

»Soll ich ihn dir wieder abnehmen?« bietet Jürgen an.

»Nee, laß man, ich komme schon klar. Wenn ich euch im Rücken habe. Das ist eine Sache fürs Team. Die Frage ist nur, wie wir den selbständig kriegen.«

»Wie alt ist er eigentlich?« fragt Jürgen.

»Zweiundfünfzig«, antwortet Brigitte.

»Noch zu jung fürs Seniorenwohnen, aber es gibt ja auch Einrichtungen, in denen psychisch Kranke dauerhaft betreut werden.«

Davon möchte Brigitte nichts wissen. »Ich fände es besser, wenn ab jetzt immer einer mitkommt. Ich möchte nicht mehr allein zu ihm hin. Jedenfalls für eine Weile nicht.«

Die Kollegen versichern Beistand. Nach der zweistündigen Besprechung einigen sie sich auch darauf, Claudia bei den Vermietungen stärker zu unterstützen, weil sie, wie sie sagt, manchmal ein wenig unsicher mit Klienten sei und ihnen daher lieber keine Wohnung gebe, als sich Ärger einzuhandeln. Jürgen soll Teamleiter werden. Und Brigitte kündigt an, in einem halben Jahr, nach dem Sommer mit den Urlaubsvertretungen, eine Arbeitszeitverkürzung zu beantragen.

Als sie fertig sind und aufstehen, fragt Jürgen beiläufig, wer mit dem Abwasch an der Reihe sei. »Ich war vorgestern dran.«

»Tu doch nicht so«, sagt Brigitte, »du hast bestimmt schon nachgeguckt. Aber ich glaube, ich bin's nicht.«

»Ja, ist ja gut«, sagt Claudia, »ich mach den Abwasch gleich.«

Sie verzieht sich in die Küche, Jürgen und Brigitte gehen zu ihren Schreibtischen, um sich in Akten zu vertiefen. Hausbesuche macht heute niemand mehr, denn um siebzehn Uhr beginnt die Sprechstunde.

SAVIO ERWACHT, blinzelt, reckt sich, reibt seine Augen, rollt auf den Bauch und öffnet die Augen ein wenig mehr. Durch einen Spalt in den Vorhängen fällt Sonnenlicht. Fliegender Staub. Ein paar Fusseln auf dem Teppich werfen Schatten. Savio stützt den Kopf auf, Gedanken zucken nur so hindurch: an die Wohnung, ans Wohnprojekt, an Schneckchen Kampnagel.

Die vom Wohnprojekt haben erst am Nachmittag Sprechstunde. Was tun bis dahin? Sich ausruhen. Die Beine vertreten, frische Luft schnappen. Matt rechtfertigt sich Savio, das werde ihm helfen, bei der Bewerbung um eine Wohnung erfolgreich zu sein.

Er wälzt sich mit Schwung auf den Rücken, streckt Beine und Arme und schwingt sich hoch. Dann tritt er ans Fenster und prüft, ob der Himmel tatsächlich so blau ist, wie es die Sonne durch die Vorhänge so quietschgelb behauptet: Er ist. Savio geht ins Bad, stellt dabei fest, daß Großmutter und Hund nicht zu Hause sind. Nach dem Duschen nimmt er sich aus dem Kühlschrank ein Stück Schinken und, Tür auf, Tür zu, noch eines sowie einen Becher Joghurt. Während er ihn auslöffelt, zieht er sich an. Er hat laute Musik angestellt.

Die Jacke überwerfend, ein Schlüsselbund greifend, läßt er die Tür hinter sich ins Schloß fallen und springt die Treppen hinunter. Auf nach Charlottenburg. Das Wetter ist prima für einen Spaziergang auf dem Kurfürstendamm. Oder einen Bummel über den Tauentzien, dummdidumm.

Alte Frauen zu foppen macht Spaß. Alt, das sind die ab dreißig. Wenn sich vor dem KaDeWe die Schabracken in Vornehmheit ergehen – auf dem Kopf lederne Hüte in Form schmelzender Schneeklumpen und mit breiten, die schlanken Hälse wie eine Brüstung umfassenden Pelzkrägen –, guckt Savio über die Schulter, sieht ihnen kurz ins geschminkte Gesicht, nur um unverzüglich wieder den Blick abzuwenden. Die stehen doch so auf Jugend, und er gibt sich ganz kühl, absolut desinteressiert. Da könnte auch ein Goldfisch mit der Flosse wedeln.

Nach zwei, drei Versuchen wird das Schabrackenanheizen langweilig, und Savio schlendert durchs KaDeWe. Geht wieder hinaus. »Hätten Sie vielleicht 'ne Zigarette für mich?« fragt er einen Mann, der gerade eine zum Mund führt. Er bekommt die Schachtel hingehalten, kriegt sogar Feuer und bedankt sich. »Wie spät ist es?« Kurz nach vier. Er muß in den Prenzlauer Berg. Zur Sprechstunde im Wohnprojekt.

SAVIO NIMMT WIEDER die Linie 2. Jede U-Bahnlinie hat ihr eigenes Publikum. Die U7 und die U8, beide fahren sie über den Hermannplatz, sind die kränksten Linien, lauter Verrückte drin. Die U2 ist vom Alex bis zum Potsdamer Platz eine Touri-Linie, vom Alex nach Pankow ist sie gemischt, Ostler und Zugezogene aus Westdeutschland. Die U1 hat Shopping-Publikum am Wittenbergplatz, und zur Universität nach Dahlem fahren die Studenten. Die U5 vom Alex über Friedrichsfelde durch Hellersdorf nach Hönow ist das Ost-Ghetto, die ausländerfreie Zone.

Am Bahnhof Eberswalder Straße steigt er aus und begibt sich zur Danziger Straße, es sind nur ein paar Schritte. Das Wohnprojekt des Vereins für Strafentlassenenhilfe ist in einem ehemaligen Wehrkreiskommando der Nationalen Volksarmee untergebracht, die ungeputzten blinden Fenster im Hochparterre sind vergittert und haben Farbe abgekriegt von den Graffiti-Sprayern, die ihre Zeichen schwungvoll und schmutzig-bunt auf dem dunkelgrauen Putz verteilt haben. Die Klingelanlage hat jemand lahmgelegt.

Er betritt das Treppenhaus, dessen Wände grell plakatiert sind. An der Treppe hängt ein Stiller Portier aus Pappe, Savio muß in die zweite Etage. Er sieht sich nach einem Fahrstuhl um, und da es keinen gibt, steigt er die Stufen, nimmt zwei auf einmal und zieht sich am Geländer hoch. Oben führt ihn ein Pfeil nach links zum Ende des Ganges, der ebenso dicht mit Anschlägen beklebt ist, vorbei an Türen mit zerkratztem, billig wirkendem Holzimitat.

Die Tür zum Büro des Wohnprojektes ist neu, einbruchsicheres Westniveau. Savio lehnt sich mit der Schulter an den Rahmen, eine Hand in der Hosentasche, und klingelt. Drinnen aggressives Summen, kurz darauf brummt es im Schloß. Savio lächelt über die elektrische Zweitonfolge, weil er ihr im stillen, ohne nachzudenken, einen dritten angehängt hat. Dann stößt er die Tür mit dem Fuß auf.

Die Wände des kleinen Vorraums sind weiß, auf dem Boden liegt dunkelblauer Flor. »Kommen Sie durch«, ruft eine Frauenstimme, und Savio geht geradeaus durch eine angelehnte Tür.

In einem hellen Zimmer sitzt an einem Konferenztisch eine ungefähr fünfzigjährige schlanke Frau, braunes Haar, Pferdeschwanz, die Augenbrauen und Wimpern klecksig geschwärzt, grüner Lidschatten. Wie eine herausgeputzte Eidechse, denkt Savio.

»Guten Tag«, wünscht er, »bin ich hier richtig beim Betreuungswohnen?«

»Guten Tag, junger Mann! Betreutes Wohnen, ja, setzen

Sie sich doch, bitte.« Die Eidechse deutet mit einem Nicken auf den Platz vis-à-vis. »Verraten Sie mir, was Sie zu uns führt?« Sie lächelt aufmunternd, fast forsch.

Savio setzt sich, steht aber gleich wieder auf, um seine Brieftasche aus der Gesäßtasche zu ziehen, der er die bereits abgegriffene Visitenkarte Frau Kampnagels entnimmt, reicht sie über den Tisch und erklärt: »Frau Kampnagel hat mich hergeschickt, na ja, nicht geschickt«, er holt Luft, »sie hat gemeint, ich würde hier vielleicht 'ne Wohnung kriegen.«

»So, meinte sie das.« Brigitte nimmt die Visitenkarte und gibt sie ihm, nachdem sie sie kurz betrachtet hat, wieder zurück. »Frau Kampnagel also. Kenn ich nicht. Macht aber nichts. Wo wohnen Sie denn jetzt?«

»Bei meiner Großmutter.«

»Und warum wollen Sie da weg?«

»'ne eigene Wohnung haben, Ausbildung machen und so.«

»Haben Sie denn bei Ihrer Großmutter kein eigenes Zimmer?«

»Doch, klar.«

»Füllen Sie bitte unseren Aufnahmebogen aus«, sie schiebt ihm ein Blatt rüber und einen Kugelschreiber hinterher, »ich frage gleich meine Kollegin, vielleicht hat sie was frei.«

Kaum ist sie aus dem Zimmer, guckt Savio sich den Bogen an. Puh, was die alles wissen wollen. Name, Adresse, Alter, kein Problem, aber dann: Einkommen, Arbeitgeber, Haftentlassung, Suchtkrankheiten, ansteckende Krankheiten. Einkommen hat er sowenig wie Arbeitgeber und Krankheiten, in das Kästchen neben dem Wort Haftentlassung schreibt er »U-Haft« und »vorige Woche«. Dann legt er den Kugelschreiber zur Seite und schaut sich um. Auf dem Fensterbrett stehen Pflanzen in mit Steinchen gefüllten Töpfen, groß- und langblättrig und angestaubt. An der Stirnseite des Raumes sieht er eine Wandzeitung, Überschrift »Gruppenausflug 2000«, darunter Fotos von Leuten in Ruderbooten und beim Grillen, mit Plastbechern und Würsten in den Händen. Die Eidechse ist auch zu sehen, gebräunt, mit Sonnenbrille und im Badeanzug, über den Tisch gebeugt und mit einem Löffel in eine Salatschüssel langend. Neben der Fotogalerie ein Plan mit Namenskürzeln und verschieden langen Strichen, über dem »Urlaub 2001« steht.

Währenddessen ist Brigitte zu ihrer Kollegin gegangen, um ihr zu sagen, daß draußen ein junger Mann sitze, der gerade aus der Plötzenseer Jugendstrafanstalt entlassen worden sei.

»Wie alt ist er denn?«

»Keine zwanzig, schätze ich. Ist das nicht was für dich? Du wolltest doch mal im Jugendwohnen arbeiten.«

»Na gut, ich guck ihn mir an. Wenn du Zeit hast, machen wir das zu zweit. Ihr wolltet mir doch sowieso bei den Vermietungen unter die Arme greifen.«

Die beiden Frauen gehen ins große Zimmer.

»Hallo«, Claudia streckt Savio ihre Hand über den Tisch, »ich bin Claudia Agthe, das ist meine Kollegin Frau Wisper, die hast du ja schon kennengelernt. Ich kann doch du sagen?«

Über Frau Wispers Gesicht fällt ein Schatten. Savio erkennt sogleich, daß sie das Du der Kollegin mißbilligt. Ihm ist es eigentlich schnurz, wie die ihn ansprechen, und so nuschelt er: »Jaja, ist schon okay.«

Claudia zieht den ausgefüllten Fragebogen zu sich rüber. Brigitte guckt mit drauf. »Weshalb sind Sie denn in Haft gewesen?« fragt sie. »Wir müssen Sie das fragen, weil nicht jeder Bewerber für unser Projekt geeignet ist. Es geht uns ja nicht nur um eine Wohnungsvermittlung.«

Savio nickt. »Klar, verstehe. Ich war nur in U-Haft. Sechs Wochen.«

»Dann ist ja wohl noch ein Strafverfahren offen«, sagt Claudia. »Da wüßten wir ganz gern, weshalb. Denn wenn du sowieso gleich wieder in die Haftanstalt zurückmußt, hätte das mit uns keinen Sinn. Wir machen Haftentlassenenhilfe, keine Haftvorbereitung.«

»Hm, also wegen Abziehen.«

»Kannst du das genauer sagen?«

»Ich hab einem Jugendlichen zwanzig Mark weggenommen.«

»Dafür kommt man gewöhnlich nicht in U-Haft.«

»Tja, manchmal doch.«

Brigitte guckt Savio ernst an. »So kommen wir nicht weiter. Wenn Sie mit uns Märchenstunde machen wollen, müssen wir uns gar nicht erst anstrengen.«

»Also, der Typ hat behauptet, ich hätte ’ne Waffe gehabt, aber ich hatte keine, deshalb bin ich ja auch wieder raus aus der Haft.«

»Wir werden mit Frau Kampnagel sprechen müssen«, Brigitte seufzt.

»Die sagt Ihnen auch nichts anderes.«

»Das werden wir sehen. Was haben Sie denn jetzt vor?«

»Ausbildung und so.«

»Geht’s ein bißchen präziser?«

»Ich mach ’ne Ausbildung.«

»Haben Sie eine Lehrstelle?«

»Besorg ich mir.«

»Wo?«

»Ich geh morgen zum Arbeitsamt.«

Brigitte dreht den Kopf zu Claudia. »Also ich hab keine Fragen mehr.«

Es sieht nicht gut aus, denkt Savio, aber er läßt sich nicht rauswerfen. Er kann selbst gehen. Immerhin gibt es noch andere Projekte, er wird sich besser vorbereiten. »Tja«, sagt er und erhebt sich, »ich glaube, Sie wollen mich hier nicht haben.«

»Ach, da ist aber jemand empfindlich. Wir haben uns doch noch gar nicht entschieden. Sie können sich bestimmt vorstellen, daß man einem Bewerber auch kritische Fragen stellt. Schließlich geht's hier um eine langfristige Zusammenarbeit. Wissen Sie, unser Mietvertrag ist nämlich gleichzeitig ein Betreuungsvertrag.«

»Soll heißen?«

»Sie wohnen hier nicht nur, Sie müssen sich auch wirklich um einen Ausbildungsplatz kümmern. Und wenn Sie das nicht tun, dann können wir den Vertrag wieder lösen.«

Claudia steht auf, stützt die Hände auf den Tisch, beugt sich ein bißchen zu Savio hinüber und sagt, daß man seinen Fall jetzt kurz besprechen werde.

Savio breitet die Arme aus und plumpst zurück auf den Stuhl.

»Ich rate dir nur«, sagt Brigitte mit gedämpfter Stimme im Nebenzimmer, »es dir gut zu überlegen. Wir hatten hier schon mal einen Jugendlichen, Jürgen hatte den aufgenommen, da sah die Wohnung nach vier Wochen fast so aus wie die von Herrn Wal. Kein Ungeziefer, das nicht, aber Bierdosen überall auf dem Boden, bekritzelte Tapeten, Brandlöcher im Teppich. Und der Kühlschrank war weg. Den hatte er verkauft. Geld sahen wir natürlich nie, wir mußten die Wohnung später sogar von der Polizei räumen lassen, weil er nicht rauswollte und Jürgen Prügel angedroht hatte. Und auch der, ich sag's ja bloß, machte im Vorgespräch einen freundlichen Eindruck.«

»Auf der anderen Seite soll ich meinen Leerstand in den Griff kriegen, und jetzt willst du mir den ausreden.«

»Du sollst es dir nur durch den Kopf gehen lassen.«

»Hab ich schon. Ich nehme ihn.«

»Du wirst da ein bißchen hinterher sein müssen. Einen Ausbildungsplatz hat der noch lange nicht. Und zum Sozialamt müssen wir ihn auch schicken.«

SAVIO SITZT im Hause des Sozialamtes. Er hat, einem unübersehbaren Schild Folge leistend, eine rosa Nummer von der in einem Blechkasten hängenden Rolle gezogen, auf einer rotbraun gestrichenen Bank im Flur Platz genommen und wartet.

Ölsockel. In der Zelle gelb. Hier pastellgrün. Links neben ihm eine Frau mit einem Kleinkind. Es balanciert vorn auf ihren Knien, gerade so gehalten von den fleischigen Händen der Mutter. Rechts neben ihm ein schwarzhaariger, bis unter die Augen wildbärtiger, mittelalter Mann in Arbeitskluft. Er raucht eine dünne, selbstgedrehte Zigarette. Seine behaarten Hände sind breit und rissig, die Haut am Handgelenk ist braun, zu den Fingern hin wird sie heller, wie Hornhaut, zwischen den Rauchfingern ist sie wieder gelblich-braun verfärbt.

Savio guckt auf die Uhr, erst zehn Minuten sind vergangen. Er lehnt sich zurück und guckt an die Decke. Das Ganze erinnert ihn ans Krankenhaus. Vor langer Zeit mußte er, als Zehnjähriger war das wohl, wegen einer Ohrenangelegenheit zur Untersuchung in die Klinik und saß mit Simita stundenlang im Flur, auf dem Patienten langsam auf und ab liefen, manche in Bademänteln, ein paar wenige mit Kopfverbänden. Einige Male wurde ein Mann im Rollstuhl vorbeigefahren, dessen Kopf ganz und gar verbunden war, nur an Nase und Mund klaffte eine Spalte. Das sanfte Rollen der Gummiräder, bei Ausweichmanövern von kleinen Quietschern begleitet, mischte sich unter die Geräusche der Wartenden, die miteinander flüsterten. Ein anderer Mann klopfte in regelmäßigen Abständen erst mit dem Ehering gegen eine Krücke, dann tockte er mit der ganzen Krücke auf den Boden. Und Savio hielt inne mit dem Beinebaumeln, reckte sich und fragte die Großmutter ins Ohr, was es denn mit dem Tocken auf sich habe.

Nach anderthalb Stunden schnarrt Savios Nummer durch den Lautsprecher. Obwohl er sie lange genug im Kopf wiederholt hat, schreckt er auf. Er stolpert, als er auf die Tür zugeht und nach der Klinke greift, so daß sein Eintritt stürmisch gerät und zwei an papierbeladenen Schreibtischen sitzende Frauen erstaunt aufblicken.

»Hoppla«, sagt die jüngere kühl und ohne ein Lächeln.

»Zum ersten Mal hier?« fragt die andere, da sie den Kopf nun schon mal oben hat.

Savio nickt und wird aufgefordert, sich neben ihren Schreibtisch auf einen Stuhl zu setzen. Marionettenhaft wendet die Sachbearbeiterin sich ihm zu.

»Und?«

»Ja, ich möchte Stütze beantragen, wegen der Wohnung.

Mietübernahme.« Er holt die Papiere aus der Jacke und faltet sie auseinander.

»Momang, Momang, haben Sie denn schon mal Sozialhilfe bezogen?«

»Nein.«

»Dann brauche ich Ihren Personalausweis. Und haben Sie Ihre Meldebescheinigung vom Arbeitsamt da?«

»Was denn für 'ne Meldung?«

»Daß Sie arbeitssuchend gemeldet sind. Sonst kriegen Sie hier gar nichts.«

Savio mustert die Frau. Sie starrt ihn an, mit fragend erhobenen Brauen.

»Also?«

»Nee.«

»Dann gehen Sie erst mal zum Arbeitsamt, holen sich dort die Bescheinigung, daß Sie von denen keine Leistungen beziehen, und dann melden Sie sich wieder hier.«

»Ich wollte nur die Mietübernahme.«

»Ja, wovon leben Sie denn?«

»Äh, na ja, Jobs und so, ich war außerdem noch Schüler.«

»Bis wann?«

»Äh, na ja, weiß nicht genau, also ich glaube, vor zwei Jahren war Schluß. Oder vor drei, weiß nicht.«

»Dann sind Sie schon lange kein Schüler mehr. Und Sie wohnen bei den Eltern?«

»Hm. Bei meiner Großmutter.«

»Dann zahlt doch die Großmutter die Wohnung.«

»Ich kriege eine eigene. Hier, vom Wohnprojekt.«

»Wissen Sie, im Flur warten viele Leute. Wenn Sie mir bescheinigen, daß Sie vom Arbeitsamt kein Geld kriegen, dann kommen Sie mit den Unterlagen wieder her. Und mit dem Mietvertrag. Und dann erklären Sie mir, warum Sie nicht bei Ihrer Großmutter wohnen bleiben, wo Sie doch kein Geld für eine eigene Wohnung haben. Bringen Sie gute Gründe mit, sonst ist auch das in zwei Minuten erledigt.«

»Hm.«

»Auf Wiedersehen«, sagt die Frau noch, bevor sie die nächste Nummer ins Tischmikrofon spricht.

SAVIO ERWACHT. Es ist mitten in der Nacht. Er taumelt aus einem Traum heraus. Nein, aus zwei Träumen. Was war das nur?

Erst war er im Gefängnis. André, der Teufelsanbeter und Mörder David, Alexander Verbrecher, der Nazi Oliver, Hüsso und all die andern Jungs saßen mit ihm und Simita an einem Tisch. Auf Simitas Schoß hockte der Dackel. Es sei eine Raubtat gewesen, sagte der Dackel und nahm sich, die Pfoten auf der weißen Tischdecke fein abstützend, mit den Zähnen vorsichtig eine Kartoffel von Simitas Teller. Simita nickte und guckte traurig in die Runde. Der kleine Andi ging am Fenster hin und her und schlug mit dem Löffel gegen die Gitter, er trug einen Schlips mit blau-weißen Querstreifen.

Dann hatte Savio einen Job als Schubkarrenfahrer. Sollte Waren liefern, Gefängnisverpflegung, Würste beispielsweise. Versehentlich schüttete er eine Ladung weißer Minileberwürste in einen Heizungskeller voller Hirschgeweihe, was den Besitzer erboste, einen Mann mit blauer Hausmeisterschürze, deren Bänder auf dem Schmerbauch zu einer Schleife gebunden waren. »Klauben Sie die Miniwürste von den Geweihen«, schrie er und fuchtelte mit den Armen über seinem Kopf. Savio trottete in den Keller, klemmte sich zwischen die riesigen, sperrigen Geweihe, die von einer speziellen, besonders großen Art Hirsch stammen mußten, und sammelte demütig die Würste in einen über der Schulter hängenden Leinensack – und ihm schien, auch das wäre ein Beruf: Würstchenpflücker. Bloß eben nicht im Keller, sondern draußen, auf einer Plantage, bei Sonnenschein, in Baumkronen kletternd. Noch im Traum wurde er trübsinnig. Als er fertig war, schickte ihn der Hausmeister fort.

Savio muß gähnen. Mißmutig dreht er sich um, hebt den Kopf und blinzelt zu den Leuchtziffern des Weckers. 02:23, liest er. Er gähnt erneut. Müdigkeit und ein Brennen im Schlund und Ärger, nicht mehr schlafen zu können, und Bitterkeit über den Job als Schubkarrenfahrer, den er auch noch verloren hat, und rumorende Organe und Schweiß – all das fällt nacheinander über ihn her. Jämmerliches Dasein. Er schließt die Augen. Wieder muß er gähnen. Ein Sauerstoffproblem? Das Fenster steht offen, aber vielleicht liegt eine Giftgaswolke über der Stadt, oder eine Naturkatastrophe ist ausgebrochen. Er langt nach der Wasserflasche am Boden. Sie ist leer. Dann wendet er die Bettdecke, kann sein, daß die kühle Seite einen Schlafsog erzeugt. Savio muß niesen. Plötzlich ist die Nase verstopft. Er schwingt die Beine aus dem Bett und tappt in die Küche.

»Was ist denn los, Junge?«

»Ach, Simita, hab ich dich geweckt? Ich kann nicht schlafen, mach mir ’nen Tee.«

»Wird am Vollmond liegen. Ich schlafe auch nicht richtig.« Simita steht in der Tür, blinzelt, reibt sich die Augen.

Auch der Dackel kommt. Er schnüffelt an Simitas Füßen, lauscht, dann macht er kehrt und trottet zurück ins Wohnzimmer zu seinem Korb.

»Wenigstens der kann schlafen.«

»Ein gutes Gewissen ist ein sanftes Ruhekissen«, sagt Simita.

»Na toll.«

»Wir wollten uns unterhalten, aber du bist nie da.« Sie setzt sich an den Küchentisch.

»Willst du auch Tee?«

»Laß man.« Simita stützt den Kopf auf die Hand und schließt die Augen.

Sie ist alt, denkt Savio, und auf einmal tut sie ihm leid. All die Jahre hat sie sich um ihn gekümmert, und wie hat er es ihr gedankt? Er legt ihr die Hand auf die Schulter, Simita schlägt die Augen auf.

»Ja? Was ist?«

»Ich weiß nicht. Nichts.«

»Na, dann geh ich wohl wieder ins Bett. Wär schön, wenn wir uns morgen unterhalten.«

Savio nickt und wünscht ihr eine gute Nacht. Der dumpf riechende Kamillentee versetzt ihn in grüblerische Stimmung. Was mach ich eigentlich in zehn Jahren, fragt er sich, seine Hände betrachtend, die ein sehniges Zelt um die Tasse spannen und ihn an die Segel eines Flughundes erinnern. Die aus der Handwurzel strahlenförmig in die Finger übergehenden Knöchlein bilden unter der Haut ein Gerüst. Ich und Schubkarrenfahrer, denkt er. Die beste Berufsaussicht, die ich je hatte. Wegen falschem Abladen von Leberwürstchen entlassen, bin ich dafür geboren worden?

AM NÄCHSTEN MORGEN faßt Savio einen Entschluß. Schon oft hat er sich vorgenommen, zum Arbeitsamt zu gehen, aber irgendwas in ihm hat ihn immer wieder davon abgehalten. Er steht auf, geht ins Bad, macht sich in der

Küche eine Tasse Kaffee mit der Kaffeemaschine, setzt sich an den Tisch, ißt einen Joghurt, und am Ende stellt er das Geschirr in den Abwasch und spült es ab. Und als sei er über Nacht ein ganz und gar neuer Mensch geworden, nimmt er mit Schwung sogar das Geschirrtuch, das er an einem Haken hinter der Tür findet, reibt die Tasse und den Löffel trocken und stellt sie zurück. Ein Blick rundum – alles okay.

Die Unordnung in seinem Zimmer fällt ihm erst auf, als er es wieder betritt. Nicht jetzt. Schnell greift er nach Brieftasche, Zigaretten, Feuerzeug, zieht ein frisches Hemd an, ein dunkelgrau schimmerndes, das er über die weite Hose hängen läßt, und geht aus dem Haus. Er geht gemessenen Schritts und hält sich gerade, nimmt die Schultern etwas zurück und hebt das Kinn. Fast fühlt er sich, als ginge er zur Arbeit.

Vor dem Eingang zum Arbeitsamt ist er nicht allein. Ein Strom von Leuten, alle mit Ziel, fließt an der Pförtnerloge vorbei. Er sieht in dem Kabuff einen Mann und eine Frau, läßt sich treiben, bald teilt sich der Strom, Savio weiß nicht, wohin er nun zu gehen hat. Er kehrt zur Pförtnerloge um, fragt nach dem Weg.

»Ist doch alles alphabetisch geordnet hier«, sagt der Mann.

Irgendwann hat Savio gefunden, was er sucht. Aus einem grauen Metallkasten zieht er sich einen numerierten Abschnitt und setzt sich auf eine Bank. Erst glaubt er, er werde da nicht lange sitzen müssen, denn die Nummern werden flott nacheinander aufgerufen, so daß er sich eine Wartezeit von etwas weniger als einer Stunde ausrechnet. Aber dann gerät Sand ins Getriebe: eine Frühstückspause von mehr als dreißig Minuten sowie eine Frau. Ganz und gar in ausgewaschene Jeans gekleidet und einen spindeldürren

Jeans-Mann im Schlepp, behauptet sie, am Vortag bereits eine längere Wartezeit absolviert zu haben. Weil sie sich so aufspielt, läßt das peinlich berührte, schweigende Publikum sie vor. Vier Stunden dauert es, bis Savio an der Reihe ist. Der Zeiger der großen Uhr zeigt sechzehn Uhr.

Kurz darauf kommt Savio aus dem Büro schon wieder raus. Er soll sich in einer anderen Abteilung erneut anmelden. Hier ist man für die Vermittlung von Arbeitsplätzen zuständig, dort für das Geld. Savio braucht eine Bescheinigung, daß er keine Leistungen bezieht. Die Wartezeit in dieser anderen Abteilung wird von den Angestellten als so ausgedehnt eingeschätzt, daß man für diesen Tag den Kasten mit den Nummern schon zugesperrt hat.

Ein Amt zum zweiten Mal zu betreten fühlt sich ganz anders an. Sowohl die Erwartung als auch der Widerwillen. Bereits um zwölf Uhr findet Savio sich in der Leistungsabteilung des Arbeitsamtes ein. Nur er hat Elan, nur sein Tempo ist flott. Das Amtsgetriebe tuckert so ruhig wie gestern. Leute kommen und gehen, Nummern werden von der scheppernden Rolle im Kasten gezogen und aufgerufen und wieder weggeworfen, in den Gängen liegen etliche davon herum – wer weiß, vielleicht war das mit der Jeansfrau gestern nur ein Trick –, Angestellte mit Aktenordnern gehen durch die Gänge, manche haben auch nur einen Zettel in der Hand, oder einen Schlüssel, die mit dem Schlüssel wollen zur Angestelltentoilette.

Wiederum nach Stunden erhält Savio die Bescheinigung, kein Geld vom Arbeitsamt zu beziehen, aber als arbeitsuchend gemeldet zu sein. Man hat ihm empfohlen, in die Berufsberatungsstelle des Arbeitsamtes zu gehen. Tue er das nicht, werde er nie in den Genuß einer Vermittlung gelangen, und die Sozialhilfe werde ihm gekürzt. Savio schwankt, hat's überhaupt Sinn, auf einen Arbeitsplatz zu hoffen? Die Chancen sind so winzig. Muß man sich nicht trotzdem auf den Betrieb einlassen? Und wäre es nicht gut, das »Einkaufen« endlich seinzulassen?

Was Savio fehlt, ist nicht das Geld. Es ist das Ansehen.

DIE BERUFSBERATUNGSSTELLE des Arbeitsamtes liegt zentral in der Stadt, in einem dunkel verputzten Altbau mit großen, vielfach verstrebten Fenstern und einer riesigen Tür mit Riesenklinke in Augenhöhe. Savio drückt die Klinke herunter, die Tür öffnet sich leicht. Es ist ruhig im Haus. In der menschenleeren Eingangshalle steht ein Stiller Portier aus Aluminium, daneben schwingt sich eine breite Treppe empor, das Geländer ruht auf Säulen aus schwarzem Marmor, auf den Stufen ein roter Läufer, der das Geräusch der Schritte schluckt. Oben gelangt Savio in ein zweites Foyer, von dem Türen und Flure abgehen. In der Mitte hat man, abgesondert durch Stellwände, einen Wartebereich geschaffen, breite Ledersessel stehen um einen flachen Tisch mit dicker Glasplatte, darauf Broschüren mit Titeln wie »JUMP – Jugend mit Perspektive«, »Let's work together – Initiative der Bundesregierung« und »Was richtig hip ist: Ausbildungsberufe des Arbeitsamtes«.

Savio findet die vom Stillen Portier angegebene Zimmernummer und tritt in einen hellen, kühl eingerichteten Raum. Hinter einem Tresen sitzen an Schreibtischen drei Frauen, zwei Arbeitsplätze sind leer. Alle drei gucken hoch, und Savio muß lächeln, was für ein Film.

»Guten Tag.«

Die Frauen lächeln zurück.

Hab ich vorhin einen Joint geraucht? denkt Savio.

»Ich wollt mal fragen, was man machen muß, um 'ne Lehrstelle zu kriegen. Hab gehört, Sie könnten da helfen.«

»Sie sind hier goldrichtig«, sagt die Blondgelockte von ganz rechts, eine ältere Dame, die nun aufsteht und ihre runden Arme auf den Tresen legt. »Zeigen Sie mal Ihren Personalausweis. Und was Sie so an Unterlagen haben. Sie waren doch bestimmt schon beim Arbeitsamt.«

Savio legt die Papiere auf den Tresen und beobachtet, wie die Altblondine etwas in den Computer tippt.

»Da haben wir ja schon den richtigen Berater für Sie. Gehen Sie in Zimmer 273.«

Das zweite Gespräch verläuft weniger freundlich. Hinter einem imposanten alten Schreibtisch sitzt ein Mann, Scheitel, Hemd, Krawatte, und fegt eine Hoffnung weg.

»Sie haben ja nicht einmal einen Schulabschluß, Herr Kuszcz. Und Sie haben sich auch nicht angestrengt, einen nachzumachen. Ich kann Ihnen aber einen Lehrgang anbieten für den Hauptschulabschluß. Solange Sie keinen Abschluß haben, investieren wir nicht in eine Berufsausbildung. Was meinen Sie, was das kostet! Wir wissen ja überhaupt nicht, ob Sie die Ausbildung schaffen.«

Savio zuckt mit den Schultern.

»Soll ich Ihnen einen Lehrgangsplatz vermitteln? Da kann ich Sie unterbringen, gar kein Problem.«

»Hm, ich denk erst mal drüber nach. Danke.«

ABER SCHULE kommt nicht in die Tüte.

Mit dieser Einsicht dämmert Savios Leben binnen weniger Tage wieder in die alten Bahnen hinüber, es gibt »Einkaufsbestellungen«, und in den Nächten zieht er von Klub zu Klub, hört Musik, steht, in den O-Beinen wippend, herum, trinkt, hat ein Tête-à-tête, tauscht feuchte Küsse. Das Wohnprojekt gerät in Vergessenheit, die Erinnerung an Frau Kampnagel verblaßt.

Erst als er Milutin begegnet, kehrt der kürzlich entdeckte Schwung zurück. Milutin hat eine Lehrstelle bekommen, in den Linien seiner Finger sitzen Spuren von Maschinenöl.

»Wie haste das denn gedreht? Automechaniker! Mann!«

»Jugendamt«, sagt Milu. »Die vermitteln das.«

Milutin hatte bereits zwei Vorkurse zu Lehrberufen besucht, war aber in beiden gescheitert, und das Arbeitsamt wollte ihm keine dritte Stelle anbieten. Das Jugendamt bewertete seine Chancen anders und hat ihn in einem besonderen Lehrgang untergebracht, einer sogenannten »überbetrieblichen« Ausbildung in einer eigens dazu geschaffenen Werkstatt. Die Lehrlinge absolvieren nicht nur die berufliche Ausbildung, sondern auch die Hauptschule, so daß sie am Ende ein vollwertiges Facharbeiterzeugnis kriegen.

»Einfach isses nicht«, sagt er, »aber die haben einen extra Lehrer, der macht mit dir Privatstunden nach der Arbeit. Immer da, wo man in der Berufsschule nicht durchblickt.«

Milutin scheint verwandelt: Wie selbstbewußt er spricht, denkt Savio, und wie lässig er sich zurücklehnt und lächelt, mit, ist das möglich, neuen Fältchen an den Augen – irgendwie überlegen. Der Erfolg des Freundes stachelt ihn an, sich um die Wohnung zu kümmern. Am nächsten Tag ruft er Frau Kampnagel an und vereinbart einen Termin für den folgenden Tag. Er braucht Ratschläge für seine Argumentation auf dem Sozialamt. Soll sie mal zeigen, wozu Sozialarbeit einem aussichtslosen jungen Mann wie ihm verhelfen kann.

LENAUSTRASSE. Die ganze Welt der –,99 in der Knüllerkiste. Die Kleiderkammer der Stadtmission. Die Trödeltante. Straßenbäume, helle Häuser. Ist nicht viel los um die Zeit, mittags, die Sonne scheint, Wind geht sachte. Savio schlendert in die Karl-Marx-Straße zum Büro Frau Kampnagels. Vor ihm im Wiegeschritt ein Blaubejackter, auf der Jacke steht: Cheerleader Neukölln. Cool? Nö. Vor dem Friseur »Bärenschnitt« mit der Teddydekoration steht ein Anzugträger und gestikuliert beim Selbstgespräch, ach nee, er trägt ein kleines Mikro um den Hals und einen Knopf im Ohr.

Savio überquert die Sonnenallee und geht in die Hobrechtstraße, vorbei an der verlassenen »Welt Döner Produktion« mit verstaubten Fenstern. Alles um ihn herum bewegt sich, die ganze Straße ist in Aufruhr. Rumor. Furor. Futur. Überall kleine Läden, ausrangierte Kühlschränke und Waschmaschinen auf der Straße. Halbglatzige Inhaber stehen vor ihren Geschäften, Weste überm Bauch. Ein »Umzugsladen«, Kanarienvögel auf dem Fenstersims. Das Café an der Ecke ist pleite, bietet sein Inventar feil. Spielsalon, Waschsalon, Pfandkredit Neukölln. Pfandkredit, gute Idee, denen geht's gut. Müssen aber viele Pleitegeier kreisen. Dikker, fetter Vogel. Scheißt dir auf'n Kopp, platsch. Spiel mir das Lied vom Bankrott. Oha, das 2-Rad-Center zieht nach Zehlendorf. Haben Zaster gemacht, kommen weg von hier.

Savio überholt eine barfüßige Frau in schlotternden Männerklamotten. In manchen Schaufenstern ist Kunst zu sehen, bunte Wirbel, Wasserstrudel, Sonnenuntergänge. Vor der Sexothek sitzt ein Terrier und guckt zur Kirche vom Reich Gottes rüber. Die haben weiße Lamellen vors Schaufenster gezogen. Savio beguckt sich das Schild an der Tür.

Am Montag werden deine finanziellen Sorgen besprochen, am Dienstag wirst du mit dem heiligen Öl gesalbt, und am Mittwoch ist Bibelstunde und Heiligen-Geist-Versammlung. Und ich?

AM NÄCHSTEN TAG ist Savio wieder im Sozialamt.

»Sie halten es also bei Ihrer Großmutter nicht mehr aus?«

»Wir haben nur Streß, wirklich. Ich war auf dem Arbeitsamt, will ja Schule machen. Aber zu Hause geht das nicht. Immer Besuch und Krach, außerdem streiten wir uns ständig.«

Die Sachbearbeiterin zweifelt.

»Meine Mutter ist doch auch schon abgehauen, weil sie es nicht ausgehalten hat.«

Savio hat ein schlechtes Gewissen. Das Ganze kommt ihm ungerecht vor. Simita werde davon nichts mitbekommen, hat ihm Frau Kampnagel zugeredet, im übrigen liege es in seinem Ermessen, seine Großmutter einzuweihen. Es sei nicht so ganz koscher, hat sie gesagt, das stimme schon, aber er müsse schließlich mit plausiblen Gründen aufs Sozialamt gehen, er habe ja gesehen, wie schnell man ihn dort wieder verabschiede.

Na egal, denkt Savio, alles nur Show.

»Hier, ich hab schon die Bescheinigung vom Wohnprojekt, die wollen mit mir arbeiten. Das ist doch nicht nur 'ne Wohnungsvermittlung, da kriegt man auch Hilfe. Hab längst den Aufnahmetest gemacht.«

Die Frau im Amt läßt sich überzeugen. Sie raschelt mit Papieren und tippt auf der Computertastatur. »Sie kriegen den Sozialhilfesatz für einen wirtschaftlich selbständigen Haushaltsvorstand«, sagt sie dann.

»Hä? Also, wie bitte?«

»Ja, so heißt das. Das sind im Monat 547 Mark. Außerdem wird die Miete übernommen. Ich mache die Papiere fertig. Die Miete überweisen wir gleich an das Wohnprojekt. Die Unterhaltszahlung holen Sie sich in zwei Raten an der Kasse. Bankkonto haben Sie ja nicht.«

»Och, können Sie das nicht auf einmal zahlen? Sehn Sie mal, ich hab doch dann Schule.«

»Wir haben auch abends geöffnet. Sind immer für Sie da.«

»Ja, aber das wird echt heftig für mich, zweimal im Monat Geld abholen, geht das nicht anders?« Er lächelt charmant.

»Hm, versuchen können wir's ja. Aber sobald Sie hier ankommen und Nachschlag haben wollen von wegen Geld verloren oder so, dann machen wir eine Wochenauszahlung, das sag ich Ihnen gleich, junger Mann! Bringen Sie beim nächsten Mal den unterschriebenen Mietvertrag mit, vorher überweisen wir nichts. Und noch etwas, wir zahlen Ihnen auch die Krankenversicherung, allerdings erst, wenn Sie sich angemeldet haben. Was? Ach so, Sie können jetzt nicht mehr über Ihre Großmutter versichert sein. Da müssen Sie schon selbst zu Ihrer Krankenkasse gehen.«

»ICH HAB DICH schon vermißt«, sagt Claudia Agthe, als Savio in die Sprechstunde kommt.

»Na ja, war nicht so easy, alle Papiere zusammenzukriegen. Aber jetzt bin ich kompletto.«

Claudia liegen Vorwürfe auf der Zunge, Savio hätte anrufen können. Aber um des lieben Friedens willen läßt sie es bei einem Seufzen bewenden. »Deine neue Wohnung ist in Kreuzberg. Was hältst du von Übergabe morgen? Hast du Zeit?«

»Klar.«

»Morgen früh um zehn. Adresse steht hier auf dem Zettel. Pünktlichkeit bitte ich mir aus. Ich warte zehn Minuten, keine Sekunde länger. Ob du wirklich mit uns zusammenarbeiten willst, zeigt sich daran, wie du mit uns umgehst.«

»Hm. Ja, ich bemüh mich.«

»Gut. Den Miet- und Betreuungsvertrag bringe ich morgen mit. Unterschreibst du dann. Wie sieht's mit der Lehrstelle aus? Hast du was erreicht?«

Weitschweifig erzählt Savio, wie oft er vergeblich unterwegs gewesen sei, wobei er aus dem Gang zur Berufsberatung zwei macht, da er den zum Arbeitsamt mitrechnet. Den angebotenen Schullehrgang verschweigend, legt er dar, daß das Arbeitsamt nichts für ihn habe. »Die machen nicht viel für Jugendliche, das ist echt schwer. Jugendarbeitslosigkeit und so, wissen Sie ja. Ich hab Frau Kampnagel gefragt, ob sie was für mich tun kann. Sie will mal gucken, ob sie 'ne Idee hat.«

»Ihre Bewährungshelferin, hm.« Claudia ist in Ausbildungsfragen nicht eingearbeitet. Sie nimmt sich vor, mit Frau Kampnagel zu sprechen sowie mit ihrer Kollegin Monika Schondorf, die in der vereinseigenen Ausbildungsstätte für Jugendliche ohne Schulabschluß arbeitet und Savio möglicherweise einen Platz besorgen kann.

AM NÄCHSTEN VORMITTAG trifft Savio sogar als erster ein. Eine Viertelstunde vor zehn Uhr steht er vor dem unlängst gestrichenen Altbau und sieht sich nach Frau Agthe um. Da kommt sie schon: keckes Basecap auf dem Kopf, kariertes Hemd, Jeans, Sandalen mit Absatz. Schlank, kleine Brüste. Nicht schlecht gebaut. Vielleicht bißchen alt, bestimmt schon dreißig. Am Hintern baumelt eine schwarze Tasche, im Arm wird ein Ordner geschleppt.

»Hallo, Savio«, zwitschert sie. »Toll, daß du so pünktlich bist. Da erkenne ich doch, daß du wirklich was erreichen willst. Wir können gleich raufgehen.«

Die Haustür aufschließend, schiebt sie sich voran, das Treppenhaus ist kühl, ein Kinderwagen guckt unter der Treppe hervor, zwei Fahrräder. Claudia klappert die Treppen hoch. Savio folgt im entgegengesetzten Takt, er nimmt zwei Stufen auf einmal und zieht sich am Geländer aufwärts. Die Tasche wippt auf ihrem Hintern.

Dann stehen sie vor der Wohnung und treten ein. Savio ist enttäuscht. Er versucht, sich nichts anmerken zu lassen.

Die Küche. Ein Schrank mit wenig Geschirr. Claudia öffnet die Türen, Savio schließt sie wieder. Besteckkasten mit zwei Messern, zwei Gabeln, zwei Löffeln. Ein zweiter Schrank, darin Besen, Wischmop und Eimer. In der Ecke ein Mülleimer, weiß emailliert. Ein Tisch, zwei Stühle. Nur das Nötigste. Zweckmäßig. Savio schluckt.

Dann der Wohn- und Schlafraum. Eine Klappcouch an der Wand, ein Sessel, ein Schrank, ein Tischlein für einen Fernseher. Rauhfasertapete. Savio reißt sich zusammen und lächelt.

»Du kannst die Wohnung ganz nach deinen Vorstellungen gestalten. Ich finde ja, in einer Wohnung soll sich Persönlichkeit spiegeln, verstehst du? Du kannst dir Poster an die Wand hängen, aber bitte lieber mit Nadeln. Tesafilm macht so häßliche Spuren.« Sie entnimmt dem Ordner eine vorgedruckte Inventarliste. Während sie vorliest, trägt sie Ziffern ein. Savio guckt aus dem Fenster. Gegenüber liegt eine Greisin auf gepolsterter Fensterbank.

»So«, sagt Claudia, »darf ich mal ein paar Autogramme haben? Hier die Inventarliste, haben wir uns ja alles angeguckt. Das Doppel kriegst du. Wenn was fehlt, ziehen wir das von der Kaution ab, die mußt du von deiner Sozialhilfe noch zahlen, keine Angst, ist nicht so hoch. Und hier der Mietvertrag. Ich hab schon gestempelt und unterschrieben.«

Savio krakelt seine Unterschrift auf die Dokumente.

»Jetzt ist die Wohnung deine.« Sie streckt ihm strahlend die Schlüssel entgegen. »Ich komme ab und zu mal vorbei. Ich würde sagen, für den Anfang einmal pro Woche, dann sehen wir weiter. Morgen würde ich dich gern im Büro sehen. Wir müssen uns unterhalten, wie's nun vorangeht. Ich habe schon mit der Kollegin von unserm Ausbildungsprojekt gesprochen.«

Als sie gegangen ist, sitzt Savio im Sessel. Vom Fernseher-Tischchen läßt ein Ziertuch die Ecken herabhängen, auf dem Fensterbrett hinter der Gardine steht ein Übertopf. Nicht einmal eine Fliege ist daheim. Savio reißt sich hoch. Und flieht.

ZWEI TAGE DARAUF um elf Uhr betritt Savio die auf dem zweiten Hinterhof zu ebener Erde gelegene Ausbildungswerkstatt für den Beruf des Malers und Lackierers. Der strenge Farbgeruch kitzelt in der Nase. Unangenehm. Savio wird von einem bekleckster Mann ins Treppenhaus gewiesen zum Büro des Sozialdienstes, den hier Monika Schondorf versieht.

Monika Schondorfs hervorstechendste Eigenschaft ist ihre Vorliebe für Teddys. Kleine Teddys, im Hosenanzug oder nur mit einem Latz bekleidet, sitzen auf ihrem Schreibtisch. Ein Teddy in rot-weiß kariertem Kleid klammert sich mit Draht in den Armen an die Tischleuchte. Frau Schondorf trägt Teddys auf den Socken, und einen Teddy aus glitzernden Straßperlen hat sie sich auf den Oberschenkel ihrer Jeans appliziert. Teddy-Fotos hängen an der Wand, neben Keramikreliefs, die eine um einen gedeckten Tisch gruppierte Teddy-Familie zeigen.

»Hallo«, sagt Monika Schondorf mit einer vom Rauchen heiseren Stimme, »du bist also der Savio, der bei uns anfangen will. Setz dich doch.« Sie reißt die Augen auf und lächelt breit, bettet ihren vollen Busen auf die verschränkten Unterarme. Savio fällt auf, daß sie kurze weiße Zähne hat, ihre Lippen sind dunkelrot angemalt.

»Guten Tag«, entgegnet er.

»Na, wollen wir nicht lange labern, gucken wir uns zuerst mal die Werkstatt an, und dann gehen wir den ganzen Papierscheiß, oups, hahaha, na, weißt schon, die Bürokratie durch, ja?« Sie steht auf und klemmt sich eine Mappe unter den Arm.

Savio macht freundlich »Hm-hm« und trottet ihr nach, steckt die Hände in die Hosentaschen und nimmt sie gleich wieder heraus.

»Also hier«, Monika bleibt an einer Tür stehen, »hier ist der Pausenraum, aber Pause ist erst um zwölf. Gehen wir mal gleich rüber in den Skizzierraum. Hallo, meine Lieben, wir stören euch gar nicht, ich zeig nur mal dem jungen Mann hier die Werkstatt. Siehst du, hier werden die Entwürfe für Wanddekorationen gezeichnet an den Reißbrettern, na, Mandy, alles wieder okay? Hallöchen, Dieter, wir sehen uns nachher, ich muß wegen der Klassenfahrt noch was mit dir besprechen. Oh, bin ich gegen dein Reißbrett gestoßen, Marvin? Tut mir sorry! Und hier wird Farbmischen geübt am Farbkreis, denn Malen ist ja nicht bloß Anstreichen.«

Plappernd schiebt sie Savio durch die Werkstatt. Wenn sie »okay« sagt, zermalmt sie die zweite Silbe zwischen den Backenzähnen, richtig amerikanisch. Als ehemaliger Graffiti-Sprüher, das sei er doch wohl wie fast alle hier, sie wartet seine Antwort gar nicht erst ab, könne er seine Talente so richtig ausleben und die schönsten grafischen Techniken erlernen.

Als sie später wieder ins Büro kommen, hat Savio ein Dutzend Lehrlinge, zwei Facharbeiter und zwei Meister gesehen. Monika Schondorf setzt ihre Kaffeemaschine in Gang.

»Gefällt dir unsere Werkstatt?«

»Ja, gut. Prima.«

»Und könntest du dir vorstellen, bei uns anzufangen? Na ja, so einfach geht das nicht, aber ich meine vom Bauchgefühl her?«

»Ja, klar, voll gut.« Und nein, einen Schulabschluß habe er nicht, doch, er wisse, daß er ihn hier nachholen könne.

»Dreimal pro Woche kommen Nachhilfe-Lehrer. Die engagiert der Verein. Die Lehre dauert bei den meisten dann ein Jahr länger als gewöhnlich, also vier Jahre. Da gibt es dann noch eine Schulprüfung. Wer durchfällt, bekommt zwei weitere Chancen und kann sogar noch ein Jahr dranhängen. Kommt schon selten vor, daß einer aufgibt. Wer hier erst mal richtig mitzieht, der schafft das auch.«

Savio gießt viel Milch in seinen Kaffee.

»Warum hat's denn bei dir nicht geklappt mit der Schule?«

»Ich hab damals einfach nicht erkannt, worum es in der

Schule geht. Also Zukunft und so. Ziemlich dumm, glaub ich.«

Savio gibt sich jetzt Mühe. Er sitzt vorgebeugt auf dem Stuhl, Monika Schondorf hat sich zurückgelehnt, bis sie nach Papieren greift. Formulare werden aus einem Wandregal herausgesucht und Savios Antworten in Kreuzchen und Ziffern verwandelt.

»Die Ausbildung bei uns wird vom Jugendamt finanziert. Um den Antrag abzugeben, mußt du zum Kottbusser Tor fahren. Da ist eine Außenstelle vom Kreuzberger Jugendamt. Du wohnst ja nun in Kreuzberg.«

»Ja, in Kreuzberg«, lügt Savio. Seit der Übergabe hat er seinen Fuß nicht mehr in die Wohnung gesetzt.

WAS SOLL ER NUR damit? Er will da nicht einziehen.

Sein Freund Maik rät ihm, er solle öfter mal eine Feier machen, dann stelle sich schon Gemütlichkeit ein.

»Ist so kalt da, so öde, das zieht mich runter, Mann.«

»Mußte eben mal mit 'nem Weibchen übernachten.«

Savio tut gegenüber den Sozialarbeiterinnen, als wohne er dort, während er in Wahrheit keine Anstalten macht, die großmütterliche Wohnung zu verlassen. Simita hat er nicht einmal davon erzählt, für sie soll es aussehen, als sei alles beim alten. Ist ja auch nicht nur die Wohnung, die er blöd findet. Geregelter Tagesablauf, trostloser geht's kaum noch, denkt Savio. Kann man gleich im Knast weiterschmoren. Verreisen, das wär's jetzt. Hat er die Stadt eigentlich je verlassen, sieht man einmal von den sommerlichen Bade-Ausflügen ins Grüne ab?

Lustlos geht er zum Einwohnermeldeamt, und man klebt ein Schild mit der neuen Adresse auf seinen Personalausweis. Er meldet sich im einen Arbeitsamt ab und im andern an, verfährt ebenso mit den Sozialämtern. Fünf Amtsbesuche, eine Woche vergeht. Frau Kampnagel verabschiedet ihn flüchtig lächelnd aus ihrer Zuständigkeit und schreibt die Überweisung für Kreuzberg, wünscht ihm mit einem festen Händedruck über den Tisch hinweg alles Gute. Im Kreuzberger Jugendamt sitzt eine junge Frau, die seinen Lebenslauf hören will und sich viel aufschreibt, so daß sich Savio vorkommt, als diktiere er einer Sekretärin. »Sie hören von uns«, sagt sie zum Abschied.

Zuweilen wird in Kaufhäusern gestohlen, aber nie um die Ecke, im Karstadt am Hermannplatz, und auch nicht mehrfach am selben Ort.

ES IST SOMMER geworden. Savio hat seine Wohnung bisher für drei Feiern benutzt, eingezogen ist er nicht. Die übriggebliebenen Feiergegenstände erwecken aber für Claudia, die regelmäßig zu Besuch kommt, den Eindruck, die Wohnung sei bewohnt. Es steht Geschirr in der Spüle, und Bierdosen liegen im Mülleimer. Wenn Claudia in den Kleiderschrank sähe, würde sie merken, daß etwas nicht stimmt, aber so weit geht die pädagogische Wißbegier nicht. Die Häufigkeit der Besuche läßt bald nach, weil Claudia am Zustand der Wohnung nichts auszusetzen hat; meist trifft man sich im Wohnprojekt. Savio geht einmal wöchentlich in die Sprechstunde und ist nach zehn Minuten wieder draußen. Er wartet auf die Lehrstelle, bis zum Ende des Sommers soll sich entscheiden, ob nun alles anders werden wird.

Mit Monika Schondorf hat er ebenfalls eine Vereinbarung getroffen. Sie will wissen, ob er zuverlässig ist, ob er die neue

Aufgabe überhaupt bewältigen kann, ob er Termine einhält, und so lautet die Vereinbarung, daß Savio sich einmal wöchentlich im Büro der Sozialarbeiterin einzufinden habe. Nachdem er sich vier Wochen lang pünktlich auf die Minute im Büro der Sozialarbeiterin gezeigt hat, lädt sie ihn nicht wieder ein. Den ersten Test hat er bestanden.

EINES TAGES RUFT Monika Schondorf die Kollegin im Jugendamt an.

»Wie steht es denn um die Finanzierung der Lehrstelle von Kuszcz Savio?«

»Wir haben noch einen anderen Bewerber. Und Sie wissen ja, unser Kontingent an Stellen ist begrenzt. Wir müssen jetzt beraten, wer die besten Chancen hat, die Lehre durchzuziehen. Müssen wir amtsintern besprechen.«

»Aha.« Monika runzelt die Stirn.

»Der andere Jugendliche ist siebzehn. Schulabbrecher, aber aus intakten Familienverhältnissen und auch nicht straffällig geworden. Die Mutter ist jetzt sehr hinterher und bringt ihn wieder in die Spur. Wir sehen das optimistisch.«

»Ist denn Ihr Bewerber für unser Projekt geeignet? Maler und Lackierer?«

Auf der anderen Seite wird gestutzt. »Er bringt sein Interesse hier sehr nachdrücklich zum Ausdruck. Steht ständig auf der Matte. Und so unmäßige Herausforderungen bringt der Malerberuf ja nun nicht gerade mit sich. Wir haben uns ausführlich mit dem jungen Mann unterhalten.«

Monika sieht die Sinnlosigkeit ein, in diesem Moment auf den Eignungstest hinzuweisen. Dazu hat sie später noch immer Gelegenheit, und es würde ihr sogar Schadenfreude bereiten, wenn sich der junge Mann nach der Finanzierungszusage als farbenblind erweisen sollte. Sie verabschieden sich und legen auf.

Bald darauf wird Monika Schondorf zurückgerufen: »Wir haben in der Konferenz beschlossen, daß nicht Ihr, sondern unser Bewerber die Stelle bei Ihnen bekommt. Ich muß Ihnen leider sagen, daß wir an den Erfolg von Savio Kuszcz nicht so recht glauben. Sehen Sie mal, er ist doch aus dem Prozeß eines regelmäßigen Lebens wirklich lange raus. Sie kennen doch die Voraussetzungen, die man für eine Lehre mitbringen muß. Über Jahre jeden Morgen pünktlich am Arbeitsplatz sein. Hausaufgaben erledigen und so weiter, Ihnen muß ich das ja nicht sagen. Das sind an den Savio Kuszcz so hohe Erwartungen, die kann er doch von einem Tag zum andern nicht erfüllen. Bei allem guten Willen, wir müssen ganz einfach an die Kosten denken. Und dann gibt es da ja noch die offene Strafsache. Kaum ist er aus der Untersuchungshaft raus, schwupp, geben wir ihm unsere teuerste Ausbildung. Das ist ein falsches Signal, pädagogisch, aber auch gesellschaftlich.«

Monika Schondorf, die die Entscheidung nicht überrascht, ruft gleich danach Claudia Agthe an.

»Hallo, Claudia. Monika hier. Du, ich hab eine ganz traurige Nachricht. Das Jugendamt übernimmt den Savio Kuszcz nicht.«

»Ach!«

»Ja, sie werden ihm das nun auch schriftlich zugehen lassen, als offiziellen Bescheid.«

»Und warum übernehmen die ihn nicht?«

»Die haben einen andern Bewerber, und die Tussi im Amt hat sich in den irgendwie verguckt, glaub ich. Ich hätte den Savio gerne genommen, aber da kann ich nun nichts machen. Na ja, er muß jetzt psychologisch irgendwie aufgefangen werden. Ist ja ein ordentlicher Schlag ins Kontor.«

»Also ich weiß nicht. Das will mir noch nicht einleuchten. Der ist doch geeignet. Kann man das Jugendamt nicht zwingen? Die können den Jungen doch nicht einfach fallenlassen. Da gibt es doch auch eine rechtliche Verpflichtung.«

»Hm. Was meinst du mit zwingen?«

»Verwaltungsgericht. Einstweilige Anordnung. Ganz hart durchziehen.«

»Claudia, wir hängen doch am Tropf vom Jugendamt. Und dann ist es doch so: Savio wird nächstes Jahr einundzwanzig. Die dehnen ja die Zuständigkeit schon über die Volljährigkeit aus. Das ist doch der Trick: Die Pflicht des Jugendamtes endet mit dem einundzwanzigsten Lebensjahr. Und das ist bei Savio im nächsten Jahr der Fall, also genau nach dem zweijährigen Vorbereitungslehrgang, den das Jugendamt ja vorschlägt und der vom Arbeitsamt auch finanziert würde.«

»Die vom Jugendamt wollen nur sparen«, schnaubt Claudia in den Hörer.

»Ihm bleibt eben das Arbeitsamt für eine Schulausbildung, so sieht das die Kollegin vom Jugendamt.«

Claudia schlägt vor, Savio zu einem Gespräch zu dritt einzuladen, um ihm die Ablehnung schonend beizubringen und auch Perspektiven zu besprechen. Monika wendet ein, sie könne doch für den Jungen nun gar nichts mehr tun. Selbst wenn er sich entschlösse, die Lehrstelle nach dem Kinder- und Jugendhilfegesetz einzuklagen, könnte sie ihm aus diplomatischen Gründen nicht unter die Arme greifen, sie müsse an das gesamte Projekt denken, das schließlich davon abhängig sei, daß der Jugendhilfeausschuß es jährlich bestätige. Claudia wisse ja wohl, daß in den Schatullen des Fiskus Ebbe herrsche.

»Ich finde das einfach nicht fair«, versetzt Claudia. »Wir haben doch alle unsere Hoffnungen und Kraft investiert, du doch auch. Und jetzt soll ich alleine mit ihm reden?«

»Mach mir bitte nicht noch Vorwürfe! Ich komme mir sowieso schon schlecht vor. Ich muß die Stelle jetzt mit dem Konkurrenten besetzen, der die Finanzierungszusage in der Tasche hat, damit ich den Platz nicht verliere. Ich könnte Savio den Platz natürlich freihalten, aber ich glaube nicht, daß das Verwaltungsgericht ihm den später zusprechen würde. Und wenn der Platz dann frei bliebe, würden wir im nächsten Jahr weniger Geld kriegen, die stocken das doch nicht wieder auf. Und wenn er ihn dann doch kriegen würde mit Gerichtsbeschluß, dann haben wir einen zuviel im Projekt, und im nächsten Jahr sagt das Jugendamt: Na guck mal einer an, die haben noch Kapazität, dann drücken die uns eine Stelle mehr auf bei gleichen Mitteln. Claudia, das kommt doch alles durcheinander. Und im Arbeitsamt sitzen keine Teufel.«

Claudia ist wütend. »Du weißt genau, wie das Arbeitsamt die Leute durch Kurzlehrgänge schiebt und sich vor den Kosten einer richtigen Ausbildung drückt, wenn es nicht gerade ein Sonderprogramm vollstopft. Savio braucht doch eine pädagogische Betreuung.«

Monika seufzt. »Ich bin auch mit den Nerven fertig. Und den Schwarzen Peter will ich mir nicht zuschieben lassen. Ich hab doch die ganze Zeit um die Lehrstelle gekämpft.«

Das Telefonat endet ohne Verabredung. Claudia fürchtet sich vor dem Gespräch mit Savio. Sie verschiebt es auf morgen, ihn in die Sprechstunde einzuladen. So schnell wird das Jugendamt den Bescheid schon nicht schicken.

Claudia irrt. Die schriftliche Mitteilung ist parallel zu dem Telefonat zwischen der Sozialarbeiterin im Jugendamt und Monika Schondorf auf den Weg gebracht worden und landet bereits am nächsten Morgen in Savios Briefkasten. Als Claudia aufwacht, meint sie, ein Kratzen im Hals zu spüren. Sie hustet zur Probe. Tatsächlich, klingt rauh. Sie sollte sich auskurieren. Schließlich hat keiner etwas davon, wenn sie sich in diesem Zustand ins Büro schleppt. Sie würde nur die Kollegen anstecken – wem wäre damit gedient? Sicherlich, sie spürt eine Verpflichtung gegenüber Savio, aber auch die Arbeit einer Sozialarbeiterin hat Grenzen. Ein professioneller Helfer, der sich selbst vernachlässigt, wird auf Dauer anderen nicht helfen können.

Ihr fallen die Augen zu.

SAVIO FINDET den Brief des Jugendamtes trotzdem nicht so schnell. Private Post bekommt er nie, Briefe für ihn enthalten behördliche Mitteilungen, Bußgeldbescheide für Schwarzfahren und so etwas. Deshalb guckt er auch nicht jeden Tag nach der Post. So vergeht eine Woche, in der Savio ohne Nachricht bleibt. Daß Wohnprojekt, Lehrwerkstatt und Jugendamt schweigen, beunruhigt ihn nicht. Er wiegt sich in der Gewißheit, am Ende des Sommers eine Ausbildung anzufangen, und sieht sich bereits in einem bekleckten Overall durch die Straßen marschieren.

Als er den Brief des Jugendamtes am Montag darauf aus

dem Briefkasten fischt, zusammen mit zwei ähnlichen Kuverts, öffnet er keinen davon. Zu sehen, daß einer vom Berliner Polizeipräsidenten stammt, hat ihm schon gereicht. Der Polizeipräsident und seine Leute teilen ihm bestimmt nur wieder mit, daß ein Ermittlungsverfahren gegen ihn eröffnet oder abgeschlossen sei. Das kommt öfter vor. Immer dann, wenn er in einer Diskothek polizeilich kontrolliert worden ist. Meist wollen die ihm Graffiti-Delikte anhängen. Einmal ist er erwischt worden, als ein Freund von ihm einen U-Bahnwaggon besprüht hat, und seitdem steht er auf der Liste der Sonderkommission.

Die drei Briefe fliegen in einen Karton auf dem Kleiderschrank. Da sammelt sich schon einiges.

So liegt es doch bei Claudia, die nach drei Tagen des Unwohlseins wieder im Büro angetreten ist, Savio eine Einladung zur Sprechstunde zu schicken, und da die Briefe des Wohnprojektes in rosafarbenen Kuverts versendet werden, wird der Brief von Savio aufgemacht.

Claudia hat lange darüber nachgedacht, wie sie das Gespräch eröffnen soll. Sie weiß ja nicht, ob Savio inzwischen informiert ist, daß sich seine Aussichten zerschlagen haben. So fragt sie ihn erst mal nach seinem Wohlergehen.

»Gut, alles okay.«

»Hast du schon Nachricht vom Jugendamt bekommen?«

»Jugendamt? Nee. Warum?«

»Und hat Frau Schondorf sich gemeldet?«

Savio schüttelt den Kopf.

»Weißt du, es ist ganz dumm. Das Jugendamt hat die Finanzierung der Lehrstelle abgelehnt.«

»Aha.«

»Das ist ein herber Rückschlag.«

»Hm.«

»Es tut mir wirklich leid. Das Jugendamt hat die Stelle an jemand anderen vergeben, da konnte Frau Schondorf gar nichts machen, sie hat sich auch sehr darüber geärgert.«

Savio weiß nicht, was er dazu sagen soll.

»Ich kann mir denken, wie du dich jetzt fühlst, du hast dich ja intensiv vorbereitet und dich darauf gefreut. Es sah auch so vielversprechend aus.«

»Na ja. Kann man wohl nichts machen.«

»Das wäre ein guter Weg gewesen, aber es gibt auch noch andere. Wir müssen jetzt nach vorne schauen. Wir werden übers Arbeitsamt etwas für dich finden.«

»Arbeitsamt? Ich weiß nicht. Da war ich doch schon.«

»Savio, du mußt jetzt deine Zukunft in die eigenen Hände nehmen. Wenn du willst, wirst du auch etwas finden. Und wenn es nun nicht klappt mit der Lehre, dann mußt du erst mal deinen Schulabschluß machen.«

Savio starrt vor sich hin.

»Du mußt auch an die Gerichtsverhandlung denken, die ja noch vor dir liegt. Der Richter wird dich fragen, wie du dir deine Zukunft vorstellst. Das beeinflußt das Urteil. Die Strafe wird niedriger ausfallen, wenn er sieht, daß du dich bemühst.«

Was soll der Richter da groß urteilen, denkt Savio. Zwanzig Mark abgezogen, nicht vorbestraft, und deswegen zur Schule?

Claudia sieht Savios zusammengepreßte Lippen.

»Es ist eine Enttäuschung, ich kann und will dir auch gar nichts vormachen. Aber das Leben geht weiter. Und wir werden etwas für dich finden.«

»Wie spät ist es eigentlich?« fragt Savio unvermittelt.

Überrascht guckt Claudia auf die Uhr. »Elf Uhr dreißig.«

»Ich hab nämlich noch eine Verabredung«, lügt Savio. »Ein Freund hat vielleicht eine Lehrstelle für mich, ich muß jetzt gehen.«

AM SPÄTEN ABEND lagert Savio mit seinem Freund Milutin am Oranienplatz in Kreuzberg, einer Insel mit Wiese und Bäumen, von vierstöckigen Altbauten umringt und durchschnitten von einer Straße, deren kurz aufeinanderfolgende Ampeln die Autos zur Schleichfahrt zwingen. Es ist lau. Manchmal bricht das Schnattern eines Vogels aus dem Gebüsch. Auf die Ellbogen gestützt, lassen die beiden einen Joint hin- und hergehen.

Savio sieht in den Himmel. »Früher soll es viel dunkler gewesen sein.«

»Wie, dunkler?«

»Na, im Universum. Weniger Licht und so.«

»Hä? Hast du's auch klarer?«

»Also es kommt so viel Licht von uns hier. Straßenlampen und Autos und so. Wenn man von oben runterguckt, sind die Städte total hell.«

Milutin dreht sich auf den Rücken, guckt nach oben. »Und?«

»Das strahlt so ins Universum, daß sie die Sterne nicht mehr sehen können. Verstehste, die Wissenschaftler. Sterne sieht man doch nur, wenn's dunkel ist.«

»Ah, ja.«

Savio grübelt. »Ich glaub, irgendwann werden da oben jede Menge Leute in Raumschiffen wohnen.«

»Glaub ich nicht. Das kostet Millionen.«

»Gibt doch genug Leute, die Kohle haben. Früher hat

man auch gedacht, ’n Auto hat nur jeder Hundertste. Heute kannste dir überall ’ne alte Karre holen.«

»Geile Idee, Secondhand-Spaceshuttle, zehn Millionen Kilometer.«

Savio lacht. »Werkstattgepflegt, TÜV, Preis nach Vereinbarung.«

»Und bei der Probefahrt hauste einfach ab.«

ES IST SEPTEMBER geworden, der Sommer zögert den Abschied hinaus, man sieht ihn dennoch schwinden: Die im Frühling geschlüpften Tauben sind dick geworden, das Grün des Laubes kriegt ein paar Flecken, der Straßenstaub wird braun. Schon wehmütig gucken die Menschen nach der Sonne, deren letzte Wärme zwischen die Häuser sinkt.

Die Kollegen vom Wohnprojekt halten Teamsitzung bei geschlossenem Fenster. Sie sitzen sich gegenüber, beugen die Rücken, haben steife Hälse. Blicke gehen hin und her. Kugelschreiber und eine Brille werden in Händen gedreht, jemand zupft die Gummierung von einem Schreibblock.

Jürgen unterbricht das Schweigen. »Wir sind doch Sozialarbeiter, oder irre ich? Wir wollen doch etwas.«

»Ach, und was wollen wir?« fragt Brigitte scharf.

»Ja, was wollen wir? Ich dachte immer, wir wollen Leute selbständig machen, ihr individuelles Sosein herausarbeiten und in Einklang bringen mit der Gemeinschaft.«

»Außer wenn ihr Sosein kriminell ist«, sagt Claudia.

Jürgen übergeht den Einwurf. »Denn allein die Vermietungen sind es ja nicht. Dann könnten wir auch ein Obdachlosenprojekt aufmachen.«

»Bei Savio Kuszcz siehst du das aber anders.«

»Wir sind kein Jugendprojekt. Unsere Klienten müssen

mitarbeiten, wir können die Motivation dazu nicht auch noch anerziehen, die müssen wir voraussetzen. Für so was sind wir einfach zu wenig Personal.«

»Aber das ist doch gerade das Hauptproblem eines Klienten der Sozialarbeit, daß er nicht mit seinen Problemen klarkommt.«

Jürgen hebt abwehrend die Hand. »Bei uns muß er wenigstens soweit sein, daß er die Probleme angehen will. Ich hab mir ja nun mal die Wohnung von Herrn Kuszcz angesehen. Und wißt ihr, was ich vorgefunden habe? Einen Karton, voll mit ungeöffneten Briefen. Strafzettel fürs Schwarzfahren, Mahnungen und sogar schon eröffnete Mahnverfahren. Stand oben auf dem Schrank. Und da frag ich mich doch, also da muß ich mich doch fragen: Wie sollen wir denn mit einem Klienten arbeiten, der gar nicht kooperieren will, der gar nicht einsieht, daß er ein Problem hat, der meint, alles löse sich von selbst, immer nach dem Motto: Nicht mal ignorieren. Das erfordert einen Ganztagsjob, da ist doch grundlegende Erziehungsarbeit zu leisten, da muß man bei Null anfangen.«

»Dann wirf ihn halt raus!« ruft Brigitte. »Wenn deine pädagogischen Fähigkeiten so versagen, dein ganzes Sosein und deine Entspannungstechniken und deine kreative Optimierung, was sollen Claudia und ich als Sozialarbeiterinnen ohne Fortbildung dann bitte schön ausrichten?«

Jürgen atmet tief durch, hebt den Brustkorb, lehnt sich zurück und sagt leise: »Mit Hohn und Spott kommen wir auch nicht weiter. Wer eine Lösung hat, soll sie nennen. Es bleibt doch Fakt, daß Savio Kuszcz seit einem halben Jahr die Wohnung nicht bewohnt, obwohl das Sozialamt die Miete zahlt. Und ich frag mich wirklich, ob diese Form von

Sozialarbeit nicht in den Bereich des Kriminellen hineinreicht. Wir haben doch eine Verantwortung auch gegenüber der Gesellschaft. Und Fakt ist auch, daß Savio Kuszcz den Kontakt zum Wohnprojekt abgebrochen hat. Ich sehe die Kündigung des Vertrages als letzten Schritt. Damit machen wir die Wirklichkeit nur offiziell.«

Brigitte rollt mit den Augen. »Meinen Segen hast du. Ich kann nicht jeden aufnehmen, den ihr nicht haben wollt. Dann bleiben am Ende an mir die Schwierigen hängen. Ich hab noch nie jemandem gekündigt.«

»Vielleicht liegt das an deiner klugen Auswahl der Klienten. Wer ist denn von deinen schwierig?«

Brigitte steigt Zornesröte ins Gesicht. Sie steht auf und verläßt den Raum.

Claudia guckt Jürgen vorwurfsvoll an.

»So empfindlich ist Brigitte eben, wenn es mal um sie geht«, erklärt er. »Brigitte darf man nie in Frage stellen. Kritik ist ihr Privileg. Die beruhigt sich schon wieder.« Er hebt die Kaffeetasse, trinkt. »Aber im Fall Savio Kuszcz sind wir wohl am Ende. Oder hast du noch eine Idee? Du hast dich ja am Anfang sehr für ihn eingesetzt.«

»Nee. Hab alles versucht. Ich hab ihm bestimmt drei Briefe geschrieben und war ja auch ein paarmal, ohne mich anzumelden, in der Wohnung. Was soll ich noch anstellen? Also suchen werde ich ihn nicht. Es tut schon ein bißchen weh, wenn man so aufläuft. Aber ich stimme dir in der Sache zu: Laß uns den Vertrag lösen. Wir vermieten neu.«

4. KAPITEL

An der Pforte in der Wilsnacker Straße hängt ein Schild. »Geschlossen. Benutzen Sie den Eingang Turmstraße.« So was Dummes. Toller Start. Eine Uhr hat Savio nicht dabei, aber bestimmt ist er knapp mit der Zeit. Mit langen Schritten hastet er um die Ecke. Stufen, zwei Glastüren, eine Schlange. Erst einmal werden die Ausweise kontrolliert. Savio stellt sich an. Wieder Stufen hinauf. Wieder anstellen. Leibesvisitation. »Haben Sie Metallgegenstände bei sich? Bitte auf den Tisch packen. Arme ausbreiten.« Der Detektor piept. »Was haben Sie da?« Kaugummis. Das Alupapier, aha. »Einmal umdrehen.« Piepen. Ein Kugelschreiber. »Danke, der nächste.«

»Können Sie mir noch sagen, wo ich hinmuß?«

»Zeigen Sie mal die Ladung, ah, Gebäude B. Nach rechts, ist dann ausgeschildert.«

In der hohen Eingangshalle herrscht Betriebsamkeit. Leute durchqueren sie und verschwinden in Gängen. Von einem Podest herab macht Justitia gleichgültige Miene. Sie wacht über Europas größtes Strafgericht in Berlin-Moabit, gleichzeitig Amts- und Landesgericht mit Archiv, Asservatenkammer und Untersuchungshaftanstalt für fast anderthalbtausend Männer. Savio jagt das Labyrinth Respekt ein. Geradeaus, nach links, der Pfeil Richtung B kommt ihm entgegen, also zu weit.

»Entschuldigung!«

»Kenn mich hier auch nicht aus.«

»Entschuldigung, wissen Sie vielleicht? Gebäude B?«

»Da wieder zurück, die Stufen hoch zu der kleinen Tür.«

Savio eilt durch einen Glasgang. Schwingtüren. Jetzt steht er im Neubau. Drei vor neun, zeigt die Uhr im Gang. Wohin jetzt? Savio spürt ein Schweißtröpfchen den Rükken hinabrinnen. Nachher sperren die mich wieder ein, denkt er, wie André damals in der Plötze. Da, ein Uniformierter, den fragt er.

Die Tür zum Gerichtssaal ist weit geöffnet, und Frau Sperling steht, noch ohne Robe, vor der Tür und raucht eine Zigarette.

»Da sind Sie ja. Guten Tag, Herr Kuszcz!«

»Die Tür, ich mußte den andern Eingang ...«

»Jaja, die verschlossene Pforte. Ich bin auch erst in der Wilsnacker gewesen und mußte dann den Umweg machen. Aber atmen Sie jetzt mal tief durch, es ist alles in Ordnung, die Verhandlung konnte noch gar nicht anfangen, weil ein Schöffe fehlt. Ach, ich glaube, das könnte er sein.«

Ein korpulenter Herr im hellen Anzug, Mantel überm Arm und Hut in der Hand, marschiert schnurstracks auf den Glaskasten zu, in dem zwei Justizbeamte sitzen.

»Reckethun mein Name«, brüllt er durch die Öffnung in der Scheibe, »mit ck wie Recke und bitte mit th, Schöffe, selbständiger Schneidermeister, und warum, bitte sehr, verrammelt man eigentlich die Türen in der Wilsnacker und zwingt den ehrenamtlichen Richter zu einem Umweg! Also nicht meine Schuld, daß ich hier zu spät, und ganz abgehetzt«, er fuhrwerkt mit der Linken in den Taschen seines Anzuges, »wo hab ich jetzt, ach hier, die Karte, bitte sehr.

Wenn ich so arbeiten würde wie die öffentliche Verwaltung, wäre ich längst; aber na ja; ich sehe schon, Sie hier am Schalter können da nichts; es kann ja immer niemand für irgendwas.« Sein Gesicht leuchtet rot unter grauem Schopf, um die Pausbacken wallt ein Weißbart. Eine fein mit Fältchen gebundene Blütenkrawatte streckt sich aus dem Hemdkragen straff in die Weste.

Nachdem er seine Anmeldung beim Wachtmeister vollzogen hat, stolziert er weniger eilig, und ohne Frau Sperling und Savio eines Blickes zu würdigen, in den Saal. Seine Hand flattert am Jackett empor und kontrolliert, ob die Knöpfe vollständig und die oberen zwei ordnungsgemäß geschlossen sind, prüft den Sitz von Krawatte und Kragen, streicht über den Bart und, wupp links, wupp rechts, mit Daumen und Zeigefinger über die gestutzten weißen Augenbrauen.

Frau Sperling drückt die Zigarette in einer auf dem Tisch stehenden Keksdose aus und geht ebenfalls hinein. Sie winkt Savio mit dem Kopf hinter sich her und weist mit der Hand auf eine Stuhlreihe vor dem erhöhten Richtertisch. Er setzt sich. Hinter ihm nimmt die Anwältin an einem kleinen Tisch Platz und klopft ihm auf die Schulter. »Schön ruhig! Ich bin da, und wenn was schief läuft, schalte ich mich ein.«

Die drei Plätze hinter dem erhöhten Richtertisch sind leer, rechts davon eine Frau in schwarzer Robe, sie knabbert an einem Zwieback und liest Zeitung. Links, mit dem Rükken zum Fenster, sitzt ein junger Mann mit einer Fönfrisur an einem Pult mit Brüstung, so daß man seine Hände nicht sieht. Auch er trägt schon die schwarze Robe, allerdings mit einem Samtkragen.

Savio dreht sich zu Frau Sperling um. »Ist das der Staatsanwalt?«

»Ja, aber ich kenne ihn nicht«, antwortet sie leise, »Oberstaatsanwalt Branst scheint verhindert zu sein, der von der Haftprüfung. So ist es vielleicht günstiger für uns.«

Ebenfalls an der Fensterseite sitzt ein anderer Mann, in Jeans und Pullover, um die Fünfzig, grauhaarig. Er blättert in einer Akte, feuchtet die Finger an den Lippen an.

Savio flüstert erneut über die Schulter: »Und der im Pullover?«

»Jugendgerichtshilfe«, kommt es zurück, und Savio hört am Rascheln, daß auch seine Verteidigerin inzwischen ins schwarze Kostüm geschlüpft ist.

»MICH MACHEN DIESE Nebengeräusche wahnsinnig«, sagt Richter Stoltze zu seinem Kollegen in dessen Beratungszimmer. Das sei vorsätzliche Körperverletzung durch Lärm, wenn jemand die Beine übereinanderschlage, ohne sie anzuheben, und man zu raten beginne, wie hoch der Polyesteranteil in der Hose sei. Oder wenn Frauenzimmer mit Armreifen klirrten und mit langem Fingernagel auf ihrem Glitzerfummel kratzten. Das alles sei eine Teufelei.

Aber am schlimmsten komme das Husten, antwortet der andere Richter. Neulich im Berliner Dom sei es wie in der Lungenklinik gewesen.

Ach, treibt Stoltze den Vergleich weiter, es tose in allen Konzertsälen wie im Gradierwerk von Bad Salzungen, und zwar in der Aufnahmestation. Im Berliner Dom habe auch er kürzlich erst einem Vorspiel gelauscht, und dort werde man von dieser bombastisch klingenden Sauer-Orgel quasi an die Rückenlehne gedrückt und fliege mit Leupold in die herrlichsten Gefilde, man sei, um es mal in der Sprache des Klientels auszudrücken, wie auf dem Film, wie gedopt, und dann halte neben dir eine Arschgeige sondergleichen, so formuliert Richter Stoltze, schürzt die Lippen und wakkelt energisch mit dem Kopf, halte das Programm in der Hand und blättere um, wobei diese Xanthippe die Seiten zwischen Daumen und Zeigefinger knarrend gegeneinanderschiebe und dich derart aus deiner Raumkapsel zerre. »Du öffnest ein Auge und siehst diesen Holzwurm im Programm lesen. Und nicht nur das! Auf dem Platz daneben sammelt doch Teufels Schwiegermutter Fusseln von der Strickjacke. Da werd ich zum Vollblutmisanthropen! Wie können mit Intelligenz begabte Wesen«, Richter Stoltze macht höhö, »wie können die Fusseln sammeln und geräuschvoll auf Zettel gucken in einem Konzert im Berliner Dom? Odi profanum vulgus! Wenn nicht die Musik, dann soll doch die Kuppelhöhe den Leuten Respekt in die Glieder jagen. Aber«, er winkt ab, »die säkularisierte Welt verzichtet eben nicht nur auf Gottesfurcht und Kunstgenuß, sondern reißt noch alles auf das Niveau der eigenen Mittelmäßigkeit herab, apropos, lieber Freund, wir müssen heute wieder über selbige richten und uns nunmehr«, er blickt auf die Armbanduhr, »tja, mit der kleinen Kunstverspätung des Dompteurs in die Manege des Kleintierzirkusses begeben. Wie erkannte unser Bismarck so richtig«, Richter Stoltze schlägt sich an die Brust und deklamiert: »Patriae in serviendo consumor. In diesem Sinne. Bis später!«

Ohne eine Antwort des Kollegen abzuwarten, verschwindet Richter Stoltze und läßt die Tür hinter sich zufallen, geht mit weit ausholendem Schritt über den Flur und betritt das Beratungszimmer seines eigenen Gerichtssaales durch die Hintertür. Herr Reckethun und Frau Schnabl, die Schöffin, warten schon.

»Guten Morgen! Wie ich sehe, sind die Truppen der Rechtsprechung versammelt.« Er gibt beiden die Hand. »Wollen mal sehen, wie die Lage draußen ist.« Er steckt den Kopf aus der Tür, wirft einen Blick in den Saal und fragt seine knuspernde Protokollantin, ob man komplett sei und nun könne.

Man sei und könne, antwortet sie und legt den Zwieback weg. Richter Stoltze, flugs ebenfalls schwarz gewandet, greift sein Mäppchen und betritt den Saal, ihm folgen Frau Schnabl und Herr Reckethun, die rechts und links neben ihm auf dem Podest Platz nehmen.

»Dann rufen wir mal auf«, brummt Richter Stoltze, der den Vorsitz hat, zur Protokollführerin und schlägt die vor ihm liegende Akte auf.

Die junge Frau zieht das in einem Drahtschlauch stekkende Mikrofon vor den Mund. »Die Beteiligten im Verfahren gegen Kuszcz, Savio in Saal zwohundertsiebenunddreißig, bitte eintreten.«

Die Tür wird geöffnet, und vorsichtig kommen die Zeugen in den Saal, einer nach dem andern.

Savio dreht sich lieber nicht um, denn er weiß, daß der von ihm niedergeschlagene Jugendliche auch dabeisein wird. Vielleicht mit Eltern, die interessiert-angewidert gucken. Er hatte befürchtet, ihm schon vor dem Gerichtssaal zu begegnen. Mann, wie lange ist das schon her? Ein Dreivierteljahr!

Wen man denn da habe, fragt der Richter die am andern Saalende an der Tür stehengebliebenen Personen und guckt in seinen Ordner, und dann nennt er den Namen des Geschädigten und drei weitere Namen, die Savio nicht kennt.

Wer sie bitte sei, fragt der Richter eine nicht auf seiner Liste notierte fünfte Person, und diese gibt zurück:

»Die Mutti.«

Richter Stoltze formt die Hand zum Trichter am Ohr und sagt: »Die Säle der Justiz sind weit, daher sage ich es gleich am Anfang und für alle: Für Schüchternheit fehlt es unsererseits an Hörgeräten. Bitte noch einmal: Wer sind Sie?«

»Ich bin die Mutti.«

»Wessen Mutter? Die des Angeklagten?«

»Nein, die vom Robert.«

»Ah so, ja.« Und zu seinen Schöffen leiser: »Das ist der Geschädigte.«

Ob sie der Verhandlung folgen dürfe, fragt Roberts Mutter.

Richter Stoltze hat keine Einwände, Verhandlungen gegen Heranwachsende seien schließlich öffentlich. »Meine Damen und Herren«, sagt er nun mit Blick auf die vier Zeugen, »ich muß Sie belehren, daß Sie vor Gericht die Wahrheit sagen müssen, und zwar auch dann, wenn Sie nicht vereidigt sind. Nichts weglassen, nichts hinzufügen. Bitte warten Sie draußen, wir werden Sie einzeln aufrufen.« Während die Zeugen aus dem Saal gehen, wendet er sich an den Mann in Pulli und Jeans: »Und Sie vertreten vermutlich die Jugendgerichtshilfe.«

»Ja, aus Kreuzberg. Wir haben uns entschlossen, den Fall nicht nach Neukölln zurückzugeben. Ich kann das nachher erklären. Die Umstände sind etwas verwirrend.«

»Ich bin nicht so leicht zu verwirren«, antwortet der Richter, »jedenfalls nicht hier im Saal, aber wir werden

Ihren Erläuterungen all unsere Aufmerksamkeit zollen, wie es der Modus procedendi verlangt. Aber zunächst überprüfen wir die Personalien des Angeklagten. Sie sind also der Kuszcz, Savio«, sagt er in seine Akte hinein. Er hat bisher über ihn hinweggesehen, und Savio versucht auf seinem Stuhl höherzurutschen, bringt einen heiseren Laut heraus, räuspert sich und sagt dann deutlich:

»Ja.«

»Geboren wann und wo?«

Savio beantwortet die Fragen zur Person kurz und bündig. Seine Arme liegen auf den Lehnen, er hält sich fest.

»Wie ist es um Ihre persönlichen Verhältnisse bestellt?« will Richter Stoltze wissen.

»Äh, 'tschuldigung, was meinen Sie damit?«

»Damit meine ich, was Sie den lieben langen Tag so tun. Wovon leben Sie? Gehen Sie einer sinnvollen Tätigkeit zum Gelderwerb nach?«

»Sozialhilfe«, sagt Savio. »Weil, mit der Ausbildung hat's noch nicht geklappt, aber ich suche was.«

»Hm-hm, da hat noch nichts geklappt«, wiederholt der Richter, »soso. Nachdem wir dieses also vernommen, steht nichts mehr dem unzweifelhaft mißvergnüglichen Zeitvertreib im Wege, dem Verlesen der Anklageschrift lauschenderweise vollste Aufmerksamkeit zu schenken, bitte sehr, Herr Staatsanwalt. Walten Sie Ihres traurigen Amtes.«

Der junge Staatsanwalt schraubt sich hinter seinem Pult empor, verfängt sich etwas in den weiten Ärmeln, nestelt sie kurz zurecht und liest vor. Savio werde angeklagt, sich gemäß Paragraphen – eine Zahlenkolonne nebst Nennung von Gesetzbüchern wird heruntergerasselt – strafbar gemacht zu haben. Absatz. Der Angeklagte Savio Kuszcz habe sich am Abend des soundsovielten – es folgt eine Schilderung des Tathergangs mit Zeitangaben, auf die Minute genau. Der Staatsanwalt berichtet das Ganze aus seiner Sicht, und er sieht den Einsatz einer Schußwaffe.

Savio hat, während die Anklage verlesen wird, den Kopf zum Staatsanwalt gedreht und ihn aufmerksam betrachtet. Jetzt, da der Jurist geendet hat und zum Richter aufschaut, dreht er den Kopf ebenfalls zum Richtertisch und hinein in die Schußlinie, denn des Vorsitzenden strenger Blick ruht schon geraume Zeit auf ihm.

»Wollen Sie aussagen, Herr Kuszcz?« fragt Richter Stoltze. »Sie müssen hier nichts sagen, das hat Ihnen Ihre Anwältin sicherlich erklärt, wollen Sie trotzdem Angaben zu den Anschuldigungen machen?«

»Ich hatte keine Pistole, Herr Richter.«

»Ich entnehme Ihrer Antwort, daß Sie sich prinzipiell äußern wollen, würde Sie aber bitten, ausschließlich auf Fragen zu antworten und, ich sage es noch einmal, so vernehmlich zu sprechen, daß wir Sie hören. Also lauter. Sie haben jetzt Gelegenheit, den Abend zu schildern, aber bitte in seiner ganzen Pracht, wo kamen Sie her, was hatten Sie in der Kuglerstraße zu tun, wohin sollte Sie der Weg führen, und was ist in der Kuglerstraße passiert. Das Gericht ist ganz Ohr.«

Savio ist verwirrt. Der Richter drechselt seine Sätze, als sei das hier Spaß, aber er guckt nicht lustig. Neben ihm sitzen mit ebenso ernsten Gesichtern die Schöffen.

»Also der Abend. Da bin ich von Freunden gekommen, wo wir bißchen Bier getrunken haben, und wollte nach Hause.«

»Wieviel?«

»Was?«

»Wieviel bißchen Bier haben Sie getrunken, wie viele Flaschen oder Dosen, waren Sie be-trunken? Oder an-getrunken?« Der Richter hackt die Vorsilben in Häppchen.

»Eher angetrunken«, sagt Savio.

»Und wieviel haben Sie getrunken? Konnten Sie noch geradeaus gehen?«

Frau Sperling mischt sich ein: »Ich möchte darauf hinweisen, daß wir nicht auf Einschränkung der Schuldfähigkeit hinauswollen. Mein Mandant ist geständig, soweit es die«, sie hüstelt, »gewaltsame Wegnahme betrifft. Herr Kuszcz will nur die Stimmung an dem Abend beschreiben, daß man sich nämlich in einer gewissen Gelöstheit, einer Laune befunden hat, vielleicht hat das die Hemmschwelle herabgesetzt.«

»Frau Verteidigerin, wenn Sie gestatten, mache ich mir selbst ein Bild. Aufgabe des Gerichtes ist, die Wahrheit zu ermitteln. Muß ich Ihnen ja jetzt keine Vorlesung drüber halten. Uns interessiert die Laune des Angeklagten ganz außerordentlich, denn wegen der Folgen dieser Laune sitzen wir hier. Nun denn, Herr Kuszcz, wieviel Bier haben Sie also konsumiert?«

»Drei, vier Dosen pro Nase. Schätz ich mal.«

»Auch paar Kurze dabeigewesen? Oder nur Bier?«

»Nur Bier.«

»Gut. Weiter.«

Savio berichtet von seinem Weggang aus der Geselligkeit und daß er auf seine Freundin ein wenig sauer gewesen sei, weil die nicht mit ihm habe gehen wollen, und dann sei diese Sache eben passiert: Er habe den Jungen nach einer Zigarette gefragt, der habe ihm keine gegeben, und da sei ihm, er wisse selbst nicht mehr, wieso, und es tue ihm heute sehr leid, der Kragen geplatzt, das sei sonst gar nicht seine Art, und es sei eine Ausnahme gewesen. Ausgerastet. Na ja.

Der Richter hat sich, während Savio seine Beteuerungen fortsetzt, wieder in die Akte vertieft. Als Savio aufhört zu sprechen, entsteht eine Pause. Savio dreht sich fragend um zu Frau Sperling, sie nickt.

Dann beginnt Richter Stoltze aufs neue: »Sie sollen gesagt haben, das sei hier Ihr Ghetto, ich halte Ihnen mal die polizeiliche Aussage des Zeugen vor, auf Seite zweiundsechzig der Akte«, auf den Tischen von Staatsanwaltschaft und Verteidigung wird geraschelt, »da heißt es: Dann hat er, also das sind Sie, Herr Kuszcz, dann hat er gesagt, das sei hier sein Ghetto, und ich solle mich hier nicht mehr blicken lassen.« Er schaut auf. »Was meinten Sie denn mit diesen Worten?«

Savio hebt die Schultern. »Kann mich nicht erinnern. Ich wohne doch da gar nicht. Ist auch nicht mein Stil, so was zu sagen.«

»Nun gut«, fährt der Richter fort, »wir werden den Zeugen später dazu hören. Ihnen, Herr Kuszcz, wird ja, wie Sie gehört haben, Besitz und Verwendung einer Schußwaffe vorgeworfen. Sie sollen dem Jugendlichen mit der Pistole gedroht haben. Was können Sie uns denn dazu sagen?«

»Ich hab noch nie 'ne Pistole gehabt! Und ich würd auch niemals jemanden damit bedrohen! Ich bin eigentlich eher ein friedlicher Typ.«

»So. Nicht Ihre Art, nicht Ihr Stil und dem Auge ein Wohlgefallen!« Der Richter wird polterig. »Darum sitzen Sie ja wohl auch da auf Ihrem Platz, wegen der menschenfreundlichen Auswüchse Ihrer Friedlichkeit!« Er lehnt sich zurück und atmet tief ein. »Fragen von den Schöffen?«

Kopfschütteln.

»Seitens der Staatsanwaltschaft?«

Dort wünscht man, noch einmal auf die Pistole zu sprechen zu kommen. Wie er, Herr Kuszcz, sich denn erkläre, warum sein Opfer sofort bereit gewesen sei, ihm die Brieftasche zu überlassen, will der Staatsanwalt wissen. Schließlich sei sein Opfer fast einen Kopf größer als er und hätte sich, wenn hier nur Körperkräfte im Spiel gewesen wären, doch mit einer Aussicht zu obsiegen zur Wehr gesetzt.

Savio schüttelt den Kopf. Er versteht das Wort »obsiegen« nicht. Jetzt redet auch der Staatsanwalt so gedrechselt. »Ich hab mich ja selbst gewundert, wie einfach das alles ging. Ich hab den an die Wand gestoßen und dann gesagt, er soll sein Geld hergeben. Ich wollte den nicht richtig ausrauben und pleite machen. Ich war eigentlich nur wütend, weil ich keine Zigaretten hatte. Ich kann mir das selber nicht erklären, warum ich dann so ausgetillt bin.«

Keine weiteren Fragen seitens des Anklagevertreters.

»Frau Anwältin?«

Sie wüßte gern, wie lange der gesamte Vorgang denn gedauert habe.

»Vielleicht fünf Minuten«, antwortet Savio, ohne nachzudenken.

Fünf Minuten? Er solle doch noch einmal nachdenken und in seine Überlegung einbeziehen, Frau Sperling guckt an Savio vorbei den Richter an, wie lange fünf Minuten dauern können und wie schnell die Sache damals passiert sei.

»Dann waren es weniger«, erwidert Savio, »es ging alles so schnell. Wie im Vorbeigehen.«

»Ach«, hakt der Richter ein, »Sie schlagen so en passant

mal um sich, weil Sie keine Zigaretten haben. Womöglich brauchen Sie eine Therapie gegen das Rauchen. Ich möchte lieber nicht wissen, was Sie da rauchen.«

»Nee, also nein, ich wollte ja nur sagen, daß das alles so schnell ging, Prügeln ist gar nicht mein ...«

Richter Stoltze unterbricht: »Dann wollen wir mal den ersten Zeugen hören.« Er bittet die Protokollführerin, den Geschädigten hereinzurufen.

Savio rutscht auf dem Stuhl herum.

Robert bleibt an der Tür stehen, weiß nicht, wo er Platz nehmen soll. Der Vorsitzende bittet ihn, sich vor ihn an den Tisch zu setzen, direkt vor das Richterpodest. Ohne einen Seitenblick zu Savio geht Robert an ihm vorbei nach vorn.

Savio sieht ihn zum ersten Mal richtig. Der Junge hat rote Flecken im Gesicht. Er ist nervös. In Savio steigt Ärger über sich selbst auf. Was für eine Lappalie. Wegen so einer halben Portion. Und wie lächerlich das Ganze, verglichen mit den Diebstählen.

Auch von Robert werden die Personalien aufgenommen. Er verneint die Frage, ob er mit dem Angeklagten verwandt oder verschwägert sei, dann bittet ihn der Richter, den Vorfall aus seiner Sicht zu schildern.

»Ja, also, ähem, ich kam von der U-Bahn Schönhauser Allee, und dann hat mich der, ähem, also hier, der Angeklagte«, Robert deutet mit der Hand hinter sich, »er hier hat mich angesprochen und in ein Gespräch verwickelt.«

»Was gab es denn da zu sprechen?«

»Er hat mich gefragt, ob ich Zigaretten dabeihabe. Ich hatte keine, ich rauche ja gar nicht, und dann sollte ich mein Geld hergeben, was ich gleich gemacht habe, weil er eine Pistole hatte.«

»Das nennen Sie ein Gespräch?«

»Nee, es war kein Gespräch, also er hat ja dann mit der Pistole gedroht.«

»Darauf kommen wir noch. Können Sie denn den Täter beschreiben?«

»Wie, beschreiben? Er sitzt doch hier.«

»Bitte beantworten Sie meine Frage.«

»Er hatte eine dunkle Jacke an und sah so, na ja, er sah türkisch aus. Oder so. Und er war kleiner als ich. Schwarze Haare.«

»Türkisch.« Der Richter guckt bedeutungsvoll in die Runde. »Was Sie so sehen. Na, und was hat er von Ihnen gewollt?«

»Erst hat er also nach Zigaretten gefragt, dann nach Geld, und dann meinte er, ich soll verschwinden, sonst schießt er mir in den Kopf.«

»In den Kopf schießen, aha. Wo war denn die Pistole?«

»Keine Ahnung, hatte sie wohl in der Jacke, das ist jetzt alles schon eine Weile her.«

»Und Sie hielten das für glaubwürdig?«

»Ich wollte nicht den Helden spielen und was riskieren.«

»Das war sehr vernünftig von Ihnen. Sie haben ihn dann auf der Straße wiedererkannt, als Sie mit der Polizei gefahren sind, um ihn zu suchen. Können Sie mal schildern, wie das ablief?«

»Ich mußte in den Polizeiwagen steigen und sollte aus dem Fenster gucken. Wir sind erst aus der Kuglerstraße raus auf die Schönhauser gefahren, also man kann da nur rechts rum, und dann haben wir gewendet und sind in Richtung U-Bahnhof zurückgefahren, und da hab ich ihn auf der anderen Straßenseite gesehen.«

»Wie breit ist die Schönhauser Allee?«

»Kann ich nicht sagen, in Metern, aber es sind zwei Fahrspuren und ein Mittelstreifen, über dem die U-Bahn fährt.«

»Aber Sie konnten auf den Bürgersteig gegenüber gukken?«

»Es ist ziemlich gut beleuchtet, und da sind abends kaum Leute unterwegs. Und er hatte so beigefarbene Hosen an, khakigelb, die konnte man gut sehen.«

»Wie ging es weiter?«

»Die Polizisten haben einem andern Wagen Bescheid gesagt, so einem zivilen, und die haben dann den Typen festgehalten. Denn wir konnten ja nicht so schnell rüber auf die andere Seite.«

»Sie haben ja den Angeklagten an diesem Abend nicht noch einmal gesehen.«

»Nein.«

»Sie haben bei der Polizei mal Lichtbilder gezeigt bekommen?«

»Ja.«

»Und jemanden erkannt?«

»Nein.«

»Und später hat es eine polizeiliche Gegenüberstellung gegeben?«

»Ja.«

»Können Sie mal schildern, wie das vor sich ging?«

»Also das war so ein Raum, da mußte man durch eine Scheibe gucken in einen andern Raum, und dort standen fünf Personen, da hab ich den Täter einmal identifiziert, dann mußte ich noch mal raus und dann wieder rein, und da standen andere dort, und ich hab ihn noch mal identifiziert.«

»Denselben unter anderen, nehme ich an.«

»Jaja, klar.«

»Ist diese Person heute hier?«

»Also von denen, die hinter der Scheibe gestanden haben?« Robert dreht sich um zu Savio, mustert ihn, die beiden sehen sich in die Augen. »Ja«, sagt Robert wieder zum Richter.

»Warum sind Sie sich so sicher?«

»Ich hab's mir eben gemerkt.«

»Das Türkische?«

»Insgesamt erkenne ich ihn wieder.«

»Ist Ihnen so etwas denn schon mal passiert, so ein Überfall?«

»Nein.«

»Das war also ein absolut einmaliges Ereignis?« Der Richter polkt alle Details aus Roberts Gedächtnis heraus, die Savio überführen müssen. Es geht darum, die Glaubwürdigkeit des Zeugen zu prüfen. Der Vorsitzende weiß aus den Akten, auf welch wackligen Füßen die Anklage in Sachen Pistole steht. »Ich muß Sie bitten, sich noch einmal an die Einzelheiten zu erinnern. Es ist lange her, ich weiß, aber für uns ist das sehr wichtig. Gehen wir noch mal zurück. Sie wurden also von dem hier anwesenden Herrn Kuszcz angesprochen. Wissen Sie noch, was genau seine Worte waren?«

Genau könne er sich nicht erinnern, der Typ habe eine Zigarette gewollt, wie gesagt, wird irgendwie gefragt haben, ob er, Robert, ihm eine geben könne, haste mal oder so eine Formulierung, wie das eben üblich sei. Und er habe keine gehabt? Nein, denn er rauche doch nicht. Das sei löblich, erwidert der Richter, er wünschte, er könne selbiges auch von sich sagen, und dann, was sei dann vorgefallen? Er, der Angeklagte, habe zugeschlagen. Ohne weitere Warnung? Ja, aus seiner Erinnerung heraus müsse er sagen, der Schlag sei sofort gekommen. Habe der andere nicht erst nach Geld gefragt? Nein, das sei danach gewesen. Nach dem ersten Schlag? Ja, und er habe dann alles sofort herausgegeben. Und dann? Habe er ihn niedergeschlagen. Aha, und er ging zu Boden? Ja. Wann habe er ihm denn mit der Pistole gedroht? Äh, vorher, oder, Moment, Robert kratzt sich am Kopf, er könne sich jetzt nicht mehr so genau erinnern. Aber daß er es gesagt habe, da sei er ganz sicher? Hm, ja, schon. Ob das Wort Ghetto gefallen sei? Daran habe er heute keine Erinnerung mehr, könne aber sein.

»Hm, so etwas würde ich mir merken, das ist doch ein starker Spruch.«

»Na ja, wissen Sie, heute machen alle Jugendlichen starke Sprüche.«

»Aber damals hat Sie das doch beeindruckt.«

»Weiß ich nicht, ich hab nur auf die Fragen geantwortet bei der Polizei.«

Der Richter macht eine Pause und notiert etwas. Welche Verletzungen er davongetragen habe, will er dann wissen und ob es Langzeitfolgen gebe. Robert berichtet, daß man ihn in der Rettungsstelle des Krankenhauses untersucht habe, eine ärztliche Behandlung aber nicht nötig gewesen sei. Nein, auch krankgeschrieben sei er nicht gewesen. Langzeitfolgen? Was für Langzeitfolgen? Nun, ob er sich vielleicht heute unsicher fühle, nachts in der Kuglerstraße. Ob er dort Angst habe. In den ersten Monaten sei er abends nicht mehr allein dort entlanggegangen, er habe sich von Freunden begleiten lassen oder woanders geschlafen oder habe ganz aufs Ausgehen verzichtet, aber inzwischen habe sich das normalisiert, heute sei wieder alles okay, denn so oft komme Gewalt in dieser Gegend nicht vor.

»Fragen seitens der Schöffen?«

Kopfschütteln.

»Herr Staatsanwalt?«

»Ja.« Der Staatsanwalt faltet die Hände auf dem Tisch. »Robert, Sie können sich vielleicht vorstellen, wie wichtig gerade der Punkt mit der Pistole ist. Wir wollen nicht, daß jemand derart bewaffnet durch die Stadt läuft und das Leben anderer Menschen gefährdet. Das ist nicht hinnehmbar. Deshalb muß ich noch einmal nachfragen: Haben Sie die Pistole gesehen?«

Robert starrt auf die weiße Tischplatte vor sich und denkt nach. Dann guckt er nach links, zum Staatsanwalt. »Also, es war ja dunkel. Und ich hatte ja auch mit den Schlägen zu tun.«

»Es war immerhin so hell«, mischt sich der Richter ein, »daß Sie von einem achtzigjährigen Mann aus dem dritten Obergeschoß eines auf der gegenüberliegenden Straßenseite gelegenen Wohnhauses beobachtet werden konnten. Der hat nämlich die Polizei geholt. Also, haben Sie die Pistole gesehen oder nicht?«

»Nein.«

»Woher wußten Sie dann von der Pistole?« fragt nun wieder der Staatsanwalt.

»Er hat mir ja gedroht. Es ist in Berlin doch nicht völlig ausgeschlossen, daß einer 'ne Pistole hat. Ich wollte nichts riskieren.«

»Das ist auch gut gewesen, da bin ich ganz der Meinung vom Herrn Vorsitzenden. Es wäre gut, wenn alle Bürger so umsichtig und vernünftig reagierten wie Sie. Danke, keine weiteren Fragen.«

Die Verteidigung will jetzt wieder wissen, wie lange der Vorfall gedauert habe, und bittet genau zu überlegen. Robert kann sich nur erinnern, daß alles ganz schnell ging.

»Haben Sie noch Fragen an den Zeugen, Herr Kuszcz?«

Savio ist verdutzt. Aber dann fällt ihm ein, daß die Gelegenheit günstig ist. »Ich würde mich gern entschuldigen.«

Der Richter schweigt.

Savio steht auf, steht mit zwei Schritten vor Robert, hält ihm die Hand hin und sagt: »Tut mir echt leid, war nicht so gemeint, 'tschuldigung.«

Nun ist Robert überrascht, errötet, greift Savios Hand, läßt sie gleich wieder los, murmelt ein »Okay« und nickt.

Rechtsanwältin Sperling lächelt wie eine Mutter, Richter Stoltze guckt sich die Szene mit gerunzelter Stirne an, der Staatsanwalt beobachtet die Reaktion des Richters, runzelt dann auch die Stirn.

Als der Richter vorschlägt, den Zeugen nicht zu vereidigen, aber auch nicht zu entlassen, da man ihm eventuell Aussagen der anderen Zeugen vorhalten wolle, stimmen die Parteien zu. Robert möge sich draußen zur Verfügung halten. Auf den nächsten Aufruf betritt jener Zeuge den Saal, der den Vorgang beobachtet und die Polizei gerufen hat.

»Herr Hansen, kommen Sie bitte zu mir nach vorn, wir wollen uns ein wenig unterhalten.«

»Ich kann mich hier setzen?«

»Ich habe den besten Platz für Sie freigehalten, Herr Hansen, bitte sehr.«

Herr Hansen geht am Stock zum Zeugenstuhl. Er lehnt sich zurück, faltet die Hände über dem Stock zwischen seinen Beinen und lächelt den Vorsitzenden wartend an. Auf dessen Fragen schildert er, was er gesehen hat, und kann auch die Anzahl der von Savio gegen Robert ausgeführten Schläge nennen, doch die Pistole, nach der ihn die Polizei damals schon gefragt hat, ist in seinem Blickfeld nicht aufgetaucht.

»Kann der Zeuge unvereidigt bleiben?« fragt Richter Stoltze Staatsanwaltschaft und Verteidigung. Dort wird genickt, und so gibt er selbiges unter Nennung des Paragraphen zu Protokoll. Nun wolle man die Polizisten hören, die Savio damals festgenommen haben.

Zuerst wird Nicole hereingerufen, Kriminalpolizistin der örtlichen Sofortbearbeitung. Man sei auf Streife gewesen an diesem Abend, berichtet sie. Sie könne sich an das Datum noch erinnern, weil man einige Stunden zuvor eine verweste Leiche untersucht habe, da bleibe auch das Drumherum des Tages im Gedächtnis haften. Unterwegs sei der Wagen an einen auf der Flucht befindlichen Verdächtigen per Funk herangeführt worden, den man dann auf der Schönhauser Allee ohne Gegenwehr festgenommen habe. Ja, antwortet Nicole auf Nachfrage, von einer Pistole sei die Rede gewesen, man habe auch den Weg vom Tatort zum Ort der Festnahme gründlich abgesucht, aber nichts gefunden. Auf der Suche nach einem Tatplan habe man anschließend das Zimmer des Beschuldigten in der Wohnung der Großmutter durchsucht und dort auch keine Hinweise auf eine Waffe gefunden. Nein, an der Vernehmung des Geschädigten sei man nicht beteiligt gewesen und könne deshalb auch die Glaubwürdigkeit der Aussage nicht beurteilen. Der Richter entläßt sie mit Dank, und ihr Kollege wird aufgerufen.

Svend, der jüngere Kriminalbeamte, hat noch nicht so oft vor Gericht aussagen müssen. Als er hereinkommt, guckt er sich nicht um, er bewegt sich gemächlich, will gelassen wirken. Der Tag sei ihm noch gut in Erinnerung, sagt er, man habe es am Nachmittag mit einer stark verwesten Leiche zu tun gehabt. »Lag eine Woche neben der Heizung. Sie können sich vielleicht vorstellen, wie das gerochen hat.«

Richter Stoltze hat die Hände gefaltet und sieht Svend ins Gesicht.

»Also, das behält man in der Nase, das wirklich. Wir haben den Toten dann inspiziert. Er war zwar schon halb entkleidet von der Notärztin, aber wir mußten doch mehr ins Detail gehen. Klären, ob hier ein Verdacht auf eine unnatürliche Todesursache quasi geweckt werden kann, verstehen Sie? Aber war nicht. Herzinfarkt. Gibt da eindeutige Zeichen. Also erst mal Ausschließen von äußerer Gewalt ...«

»Darf ich Sie unterbrechen?«

Svend guckt den Richter fragend an.

»Danke. Wissen Sie, wir hatten Sie weniger als gerichtsmedizinischen Gutachter geladen, es geht heute nicht um ein Tötungsdelikt.«

»Ah, ja, verstehe, Entschuldigung, ich wollte nur ausführen ...«

»Gut, das haben wir soweit gehört. Nun sprechen wir mal über den Abend dieses Tages, vielleicht haben Sie sich ja davon auch etwas gemerkt.«

Aber auch die Vernehmung von Svend bringt keine neuen Tatsachen ans Licht, und er kann gehen.

Richter Stoltze guckt den Staatsanwalt an. »Was meinen Sie, müssen wir den jungen Mann noch mal hören, den Geschädigten?«

Der Staatsanwalt spielt mit dem Kugelschreiber. Er halte am Tatvorwurf fest, aber es sei eine Frage der Glaubwürdigkeit des Zeugen, die sich durch Eidesleistung nicht ändere, da das Corpus delicti nicht gefunden worden sei.

Richter Stoltze zieht die Schultern hoch und sortiert seine Zettel. »Dann schließen wir die Beweisaufnahme. Nutzen Sie noch mal das Mikrofon, die Zeugen sind mit Dank entlassen.«

Roberts Mutter verläßt den Saal.

»Hören wir mal, was uns die Jugendgerichtshilfe mitzuteilen hat«, fährt der Richter fort. »Sie wollten uns verwirren, wenn ich mich recht entsinne.«

»Vor Verwirrung bewahren, Herr Vorsitzender«, der Sozialarbeiter ist aufgestanden. Er lächelt, wird aber gleich dienstlich. Er selbst habe »den Savio« nicht kennenlernen können – bei diesen Worten guckt er ihn an –, denn Savio sei der Einladung der Jugendgerichtshilfe nicht gefolgt, so daß er sich auf den Bericht der Neuköllner Kollegin stützen müsse. Die Kollegin Kampnagel und Savio seien sich in der Haftanstalt begegnet, und der Kontakt sei bis zur Ummeldung in den Nachbarbezirk erhalten geblieben, es habe mehrere Gespräche gegeben. Dann zählt er auf, wer Savio in welcher Zeit als Kind betreut habe, und sagt, daß der Junge ohne Zeugnis die Schule habe verlassen müssen. Savio hört, daß es einen sorgenden Vater nie gegeben habe, der Vater sei vielmehr unbekannt, und auch seine Mutter habe ihn vernachlässigt. Ja, und die Großmutter, die sei überfordert gewesen.

Richter Stoltze macht Notizen.

»Zunächst ist die Frage zu beantworten«, führt der Pädagoge aus, »ob die Anwendung des Jugendstrafrechtes an diesem Heranwachsenden begründet werden kann. Die Jugendgerichtshilfe sieht die Voraussetzungen dafür gegeben. Savio Kuszcz ist zwar zum Zeitpunkt der Tat neunzehn Jahre alt gewesen, doch das Delikt weist eine jugendtypische Komponente auf. Savio zeigt in seinem Verhalten, daß seine Persönlichkeitsentwicklung ungefestigt und der Lebenswandel unstet sind. Er geht keiner Beschäftigung nach, er hat den Auszug aus der großmütterlichen in eine eigene Wohnung scheitern lassen, obwohl er sozialpädagogische Hilfe erfahren sollte, die er aber nicht angenommen hat. Warum, kann ich nicht sagen, da Savio für uns nicht erreichbar war. Die Gesamtschau ergibt, daß Savios geistiger und sittlicher Reifegrad dem eines Jugendlichen entspricht, weshalb wir anregen, Jugendstrafrecht zur Anwendung kommen zu lassen. Wie aber soll Savio bestraft werden? Wir haben pflichtgemäß den Täter-Opfer-Ausgleich erwogen, aber dazu ist es gar nicht erst gekommen, weil Savio sich entzogen hat, und falls es wirklich eine Waffe gegeben hat, wäre das ja auch gar nicht möglich. Wir haben sozusagen vorbeugend, ungeachtet der gerichtlichen Schuldfeststellung, geprüft, ob bei Savio schädliche Neigungen vorliegen, die eine Freiheitsstrafe angeraten erscheinen lassen. Wir sind aber zu der Auffassung gekommen, daß dies nicht der Fall ist. Savio Kuszcz ist nicht vorbestraft und bisher nicht durch normabweichendes Verhalten in Erscheinung getreten. Schwierigkeiten haben wir allerdings mit der Sozialprognose. Der Heranwachsende befindet sich in einem zu großen Freiraum, er verfolgt kein berufliches Ziel. Man kann schlecht beurteilen, wie er sich künftig verhalten wird, ich meine, ob man es hier mit dem Beginn einer kriminellen Karriere zu tun hat oder mit einem einmaligen Vorfall. Viel spricht für letzteres. Im wesentlichen hängt dies jedoch davon ab, ob er eine Ausbildungsmöglichkeit findet. Wie schwierig das ist, wissen wir alle. Welche Rechtsfolgen hält die Jugendgerichtshilfe also für angemessen? Sollte das Gericht zu einer Feststellung der Schuld gemäß Anklage kommen, so schlagen wir vor, Savio die Weisung zu erteilen, an einem Sozialen Trainingskurs teilzunehmen. Angesichts des Deliktes drängt sich ein Antiaggressionskurs geradezu auf. Savio Kuszcz würde die Schwere und die individuellen Folgen des Deliktes für alle Beteiligten eindrücklich vor Augen geführt bekommen.«

»Wir danken Ihnen. Und nehmen zu Protokoll, daß der Registerauszug keine Einträge enthält. Wenn es nun keine Wortmeldungen mehr gibt, können wir zu den Plädoyers übergehen.«

Der Staatsanwalt erhebt sich. Er faßt den Sachverhalt zusammen und bleibt bei seiner in der Anklage niedergeschriebenen Version. Wenn keine Waffe gefunden worden sei, dann habe der Angeklagte sich dieser eben entledigt. Somit handele es sich um einen Fall räuberischer Erpressung. Nach dem Strafrecht für Erwachsene betrage der Strafrahmen für räuberische Erpressung eine Freiheitsstrafe von sechs Monaten bis zu zehn Jahren. Dies hier sei kein minder schwerer Fall. Der Angeklagte habe das Opfer mit einer Waffe bedroht und körperlich mißhandelt. Allein für die Körperverletzung könne er mit einer Freiheitsstrafe von bis zu fünf Jahren verurteilt werden. Das Teilgeständnis könne nicht strafmildernd wirken, denn der Einsatz der Waffe sei bis zum Schluß geleugnet worden. Die Staatsanwaltschaft spricht sich trotzdem für die Anwendung des

Jugendstrafrechtes aus. Weil schädliche Neigungen als erwiesen angesehen werden, das belege bereits das Delikt, beantrage er eine Jugendstrafe von sechs Monaten, die zur Bewährung ausgesetzt werden solle. Die Robe über den Hintern streichend, Falten vermeidend, setzt sich der Staatsanwalt wieder hin.

Dann ist Frau Sperling an der Reihe. In ihrem Plädoyer betont sie, daß der Überfall sehr schnell vonstatten gegangen sein müsse. Ihr Mandant habe nicht vorsätzlich gehandelt, sondern spontan, und zu einer wortreichen Bedrohung habe es in der kurzen Zeit nicht kommen können. Der Zeugenbeweis für eine Waffe überzeuge sie nicht, Indizien hätten nicht vorgelegt werden können. Für den Besitz einer Pistole und die Drohung damit könne Savio Kuszcz nicht bestraft werden. Anders als der Vertreter der Anklage erkenne sie keine schädlichen Neigungen. Ihr Mandant sei nicht vorbestraft. Sie enthalte sich aber eines konkreten Strafantrags und bitte das Gericht, ex aequo et bono zu urteilen.

Richter Stoltzes Gesicht verrät ebensowenig wie die Mimik der stumm lauschenden, schauenden Schöffen, zu welchen in den Plädoyers ausgeführten Ansichten man neigt. Als Angeklagter hat Savio das letzte Wort.

Wie die Vorredner steht auch er auf. Alle Blicke sind auf ihn gerichtet. Frau Schnabl macht eine störrische Miene, Herr Reckethun guckt konzentriert, Richter Stoltze irgendwie neutral.

»Also ich will mich noch mal entschuldigen. Mir tut das sehr leid. Und es wird nicht wieder vorkommen. Und ich bitte Sie, mir zu glauben, daß ich noch nie 'ne Waffe hatte. Ich bin bestimmt kein, also wie heißt das, also kein unschuldiges Schaf, aber ich würde nicht mit einer Waffe. Und die Körperverletzung tut mir wirklich sehr leid.«

»Wir werden nun beraten.« Der Vorsitzende steht auf. »Wird ein bißchen dauern. Es ist halb zwölf, auf keinen Fall werden wir vor zwölf wieder aufrufen. Die Sache ist ja nicht ganz einfach.«

Die drei Richter verschwinden im Beratungszimmer.

RICHTER STOLTZE LEGT die Robe über einen Stuhl und geht sich frisch machen.

Ah, endlich Händewaschen. Himmel, dieser Sozialarbeiter. Wozu steht es im Gesetz: Wer den Bericht gemacht hat, soll auch in der Verhandlung sitzen. Aber nein. Urlaub. Verhindert. Krank. Und dann in der Oper husten. Typisch. Warum verdammt noch mal ist denn das Handtuch feucht? Die Schöffen. Na, die beiden sind in Ordnung. Bißchen schwer, das Parfüm vom Meister. Und sein Anzug sitzt knapp. Hübscher Wanst, den der hat.

Selbstgefällig guckt Richter Stoltze an sich hinunter.

Schneidern lassen, keine schlechte Idee. Und der Sozialarbeiter mal wieder in Jeans und Schlabberpulli. Fades Geschwätz von dem. Antiaggressionstraining. Bin schon von genug Experten eingekreist. Faserspuren. Gentest. Fingerabdrücke. Herrgott, sind meine Hände trocken. Wo ist die Lotion? Ah, im Schrank. Urlaubsvertretung im Schreibdienst, alles klar. Die Protokollantin ist gut, räumt sogar die Toilette auf. Zu der müßte man den Knaben schicken. Was geht bloß vor in deren Köpfen? Wenn ich Erzieher wär, ich hätte den doch längst mal zu Hause besucht. Briefe schreiben! Meine Herren! Wo kommt denn der Fleck auf der Krawatte her? Auf diesen weißen Dingern sieht man aber auch alles.

Die Schöffen haben derweil am Tisch Platz genommen. Schweigend warten sie.

Richter Stoltze tritt ein und setzt sich auf das Fensterbrett. »Also, fangen wir an. Womit haben wir es rechtlich gesehen zu tun? Das ist die Eingangsfrage.« Er faltet die Hände im Schoß. »Betrachten wir den Sachverhalt: Ein junger Mann geht die Straße entlang, bedroht und schlägt einen anderen und veranlaßt auf diese Weise die Herausgabe von Geld, mit dem er verschwindet. Eine räuberische Erpressung, wie sie im Buche steht. Aber halten Sie diesen Sachverhalt für bewiesen?«

Frau Schnabl nickt.

Herr Reckethun hüstelt, rutscht auf dem Stuhl herum, nestelt an den Taschen des Jacketts. »Ich würde mich dafür aussprechen, daß dieser Flegel einen ordentlichen Denkzettel verpaßt kriegt.«

Richter Stoltze unterbricht: »Herr Reckethun. Den Ablauf müßten Sie doch mittlerweile kennen, ich sag's noch mal: Im ersten Schritt müssen wir uns einigen, einen Sachverhalt als erwiesen anzusehen, im nächsten geht's darum, ob es eine strafbare Handlung ist. Also, Herr Reckethun, halten Sie den Überfall für erwiesen?«

»Der Angeklagte hat gestanden«, antwortet Herr Reckethun. Das Richten beginnt ihm zu gefallen. Er entspannt sich, läßt den Bauch locker. »Ist doch so: Der Sachverhalt liegt auf der Hand. Der Täter ist überführt. Und die Zeugen haben bezeugt, daß ...«

»In der Tat«, Richter Stoltze nimmt die Gesprächsführung wieder an sich, »die Aussagen der Zeugen und das Geständnis fallen glaubwürdig zusammen. Bis auf einen Punkt: die Waffe. Da haben wir lediglich einen Zeugenbeweis, die Aussage des Opfers. Die Staatsanwaltschaft hat mit keinem weiteren Indiz aufwarten können. Eine Drohung mit vorgehaltener Waffe wiegt aber viel schwerer, als wenn nur irgend etwas dahingesagt wird, ohne der Drohung Nachdruck verleihen zu können. Auch Vorsatz und möglicherweise Tötungsabsicht müßte man erörtern, wenn jemand eine Waffe bei sich trägt. Davon war im Prozeß nicht die Rede. Und zwar, so scheint mir, weil niemand an die Pistole glaubt, auch nicht der Staatsanwalt. Der hätte es doch sonst ganz anders aufgezogen. Andererseits hat der Zeuge, also das Opfer, die Drohung wohl ernst genommen, aber das kann man auch als Ergebnis der vorhergegangenen Einschüchterung durch die Schläge werten. Also noch einmal: Gibt es Zweifel? Frau Schnabl, sind Sie wirklich sicher, daß mit einer Pistole gedroht worden ist?«

Frau Schnabl reißt die Augen auf, als höre sie damit. Knapp gibt sie zurück: »Zweifel.«

»Sie zweifeln also. Sind sich nicht sicher.«

»Nein, sicher bin ich mir nicht.«

»Herr Reckethun, was sagen Sie?«

Herr Reckethun schließt sich der Meinung von Frau Schnabl an.

»Weil das Corpus delicti nicht vorgelegt werden konnte, genau«, stimmt Richter Stoltze ins Zweifeln ein. »Trotz gründlicher Untersuchung, darüber haben die Kriminalbeamten ja berichtet, sind Zweifel angebracht. So bleiben uns die Tatbestandsmerkmale der räuberischen Erpressung mit einer einfachen Körperverletzung. Und hier hat der Staatsanwalt die Rechtsfolgen aus dem Strafgesetzbuch korrekt abgeleitet, daß nämlich die räuberische Erpressung wie ein Raub zu bestrafen ist. Aber bevor wir die Rechtsfolge diskutieren, müssen wir eines entscheiden: Sollen wir Jugendstrafrecht anwenden? Der Angeklagte war zur Tatzeit neunzehn Jahre alt. Ein Heranwachsender. Überlegen wir also, ob wir den Angeklagten wie einen Jugendlichen behandeln.«

Richter Stoltze thront auf seiner Fensterbank mit verschränkten Armen und erhobenem Kinn. Er holt tief Luft.

»Der Vertreter der Jugendgerichtshilfe nannte die Tat jugendtypisch und baut uns damit eine Brücke. Er hebt ab auf den Begriff der Jugendverfehlung. Das heißt, wenn die Beweggründe für eine Tat, aber auch das Vorgehen des Täters als jugendtypisch gelten, dann müssen wir den individuellen Reifegrad unseres Angeklagten gar nicht mehr prüfen. Dieses Gesetz ist geschaffen worden, um über Bagatellen leichter entscheiden zu können, aber ich darf anmerken, daß die Rechtsprechung den Begriff auf Verbrechen ausgedehnt hat. Und wenn Sie nun einwenden, daß so ein Straßenraub von Tätern aller Altersgruppen begangen wird, stelle ich dagegen, daß das sogenannte Abziehen zum klassischen Jugenddelikt geworden ist und die Annahme, daß auch Ältere dieses Delikt begehen, die Einschätzung als Jugendverfehlung keineswegs negiert. Wir müssen die äußeren Umstände anschauen, das heißt hier, die Spontaneität der Tat und die Naivität des Täters. Was meinen Sie, wenn Sie das alles bedenken: War es eine Jugendverfehlung im Sinne des Gesetzes?«

Richter Stoltze guckt vom einen zum andern. Frau Schnabl nickt zaghaft und seufzt ein Jaja. Herr Reckethun zuckt mit den Schultern und brubbelt was von Nichtlaufenlassen.

»Aber Herr Reckethun, wir sind noch gar nicht bei der

Strafe, und wir lassen keinen einzigen überführten Straftäter laufen, da kann ich Sie beruhigen, doch wir müssen uns erst mal der gesetzlichen Grundlagen versichern. Nulla poena sine lege – keine Strafe ohne Gesetz. Wenn das Urteil in der nächsten Instanz kassiert würde, weil wir Gesetze falsch angewendet haben, wem wäre gedient? Im übrigen: Wir haben als Jugendrichter einen erzieherischen Auftrag. Wir sollen hier nicht Leid zufügen, sondern junge Menschen vom falschen Weg abbringen.«

Der Vorsitzende hat sich vom Fensterbrett erhoben. In einem kleinen Gang, abgetrennt durch einen niedrigen Aktenschrank, wandert er vor den Schöffen hin und her, bleibt gelegentlich stehen und schlägt mit der Hand auf einen Formularstapel. »Es gibt im Jugendstrafrecht eben diese Spannung zwischen Gerechtigkeit und Zweckmäßigkeit. Was verstehen wir denn unter Strafe. Vergeltung? Abschrekkung der Allgemeinheit? Einwirkung auf den Straftäter? Oder alles zusammen? Sie gucken so kritisch, Frau Schnabl.«

Frau Schnabl guckt nicht kritisch. Mit Mühe hält sie die Augen auf und fängt an, in ihrer Handtasche zu kramen. Als sie ein Taschentuch gefunden hat, kramt sie weiter. Schlüssel, Geld, Fahrkarte, alles am Platz.

Richter Stoltze bemerkt die Parallele zum Konzertsaal nicht und fährt fort: »Also was nun? Jugendstrafrecht? Sie haben sich noch nicht entschieden, Meister Reckethun, wollen Sie mit uns über die Brücke der Jugendgerichtshilfe gehen? Ich bin sicher, wir würden auch auf dem anderen Weg zum Jugendstrafrecht gelangen, indem wir nämlich die sittliche und geistige Reife des jungen Mannes prüfen, aber die Jugendverfehlung nach Paragraph 105 Jugendgerichtsgesetz macht es uns leichter. Sie nicken, Herr Reckethun? Ich danke für Ihr Placet. Damit wären wir bei der Frage der Bestrafung angekommen.« Richter Stoltze hat sich wieder an das Fensterbrett gelehnt und betrachtet seine Notizen. »Der Staatsanwalt, ja, der Staatsanwalt. Wissen Sie, das ist ein junger Kollege, Sie haben ihn gesehen. Und er kommt vom Allgemeinen Strafrecht. Ihm sind hier ein paar Rechtsfehler unterlaufen, die nicht passieren dürften. Er hat ja, Sie erinnern sich, eine Jugendstrafe gefordert in Höhe von sechs Monaten. Ich kann Ihnen sagen, warum wir diese gar nicht aussprechen können.«

»Er hat doch eine Bewährung vorgeschlagen, ich finde das recht angemessen, eher sanft«, wirft Schöffenrichter Reckethun ein.

»Mag sein, aber auch in unserer erzieherischen Freiheit im Täterstrafrecht sind wir an Grenzen gebunden. Die Strafe muß sich schon, sagen wir es mal stofflich, anschmiegen wie Schurwolle.«

»Schurwolle schmiegt sich nicht.«

»Sie sind der Schneidermeister, richtig. Dann muß sie eben sitzen. Sie muß verhältnismäßig sein, und dazu hat uns der Gesetzgeber in seiner grenzenlosen Weisheit Schranken gesetzt. Wir haben also folgendes zu beachten: Ganz gleich, ob die Jugendstrafe zur Bewährung ausgesetzt werden soll oder nicht, können wir sie nur verhängen, wenn wir andere Maßnahmen für ungenügend halten. Und der junge Mann ist ja nicht mal vorbestraft.«

»Aber es soll doch nur zur Bewährung sein«, wendet Reckethun erneut ein.

»Man setzt die Drohung aus, um sie gegebenenfalls wahr zu machen. Das liefe auf eine inflationäre Anwendung des letzten Druckmittels hinaus. Ich muß das im Zusammenhang mit den Fällen sehen, die wir hier sonst verhandeln.«

Reckethun schluckt. Will der Richter den Fall herunterspielen?

»Im übrigen würde das Aussetzen zur Bewährung bedeuten, daß der Angeklagte ohne spürbare Folge den Gerichtssaal verläßt.« Der Vorsitzende wendet sich Frau Schnabl zu, die, seitdem auch Herr Reckethun was sagt, wieder munter geworden ist. »Ob das Damoklesschwert ein gutes Erziehungsmittel ist, ich weiß nicht recht. Und dann muß man in der Gesamtschau doch festhalten, daß die Jugendstrafe rechtlich aus einem zweiten Grunde einfach nicht drin ist. Wenn man sich nämlich der sozialpädagogischen Einschätzung anschließt und keine schädlichen Neigungen erkennt ...«

»Keine was?«

»Schädlichen Neigungen. Ein Begriff aus dem österreichischen Strafrecht, wir würden ›kriminelle Neigungen‹ sagen, aber ›schädliche‹ nennt sie das Gesetz. Wenn wir die also nicht erkennen, und das ist kein Wunder bei einem leeren Vorstrafenregister, dann ist Jugendstrafe nicht drin.« Und noch eines wendet Richter Stoltze ein. Jugendstrafe werde auch durch besonders schwere Schuld gerechtfertigt, aber wo liege die im Fall Savio Kuszcz? Man habe sich ja entschlossen, am Vorhandensein der Waffe zu zweifeln. Nur wenn der Angeklagte eine Waffe gehabt hätte, läge eine Schuldschwere vor, die einen möglicherweise ans Gefängnistor klopfen lasse.

»Nun gut, was dann? Irgendwie soll der junge Mann doch bestraft werden, oder etwa nicht?«

Der Vorsitzende guckt wieder auf seine Notizen. »Soziales Training, Antiaggressionstraining«, er schürzt die Oberlippe. »Solange mir die Wirkung solcher Veranstaltungen nicht nachgewiesen wird, spreche ich diese Art der Strafe höchst ungern aus. Außerdem hat der Angeklagte sich glaubwürdig entschuldigt, und es ist auch nach dieser Straftat nichts Negatives mehr von ihm bekannt geworden. Der soll sich nur ein bißchen im Zaum halten. Ging ja bisher auch, war ja eine einmalige Sache. Das Gesetz bietet da Zuchtmittel an.«

Frau Schnabl zuckt zusammen.

»Schauriger Begriff, was?« meint Richter Stoltze, »antiquiert, in der Tat. Aber so schlimm ist es nicht. Das leichteste Zuchtmittel ist die Verwarnung, da drohe ich nur mit dem Zeigefinger, das schwerste der Jugendarrest. Aber wer schon in Untersuchungshaft gesessen hat, dem wollen wir das müde Lächeln über den Arrest nicht gönnen. Mir schwebt eine Arbeitsauflage vor.«

Meister Reckethun schaut unwirsch. Aus Frau Schnabls Gesicht läßt sich nur Unentschlossenheit ablesen. Außerdem möchte sie nach Hause.

»Das will mir nicht gefallen«, sagt Reckethun.

»Sie sind frei, Ihre Ansichten zu äußern, Herr Reckethun, quot homines, tot sententiae – so viele Menschen es gibt, so viele Meinungen werden vertreten.«

»Welche Möglichkeiten gäbe es denn noch, ihn härter zu bestrafen?«

»So ganz weich ist die Arbeitsauflage ja nicht. Bitte bedenken Sie doch einmal den ganzen Rahmen, in dem der Angeklagte sich seit jenem Abend befindet. Er ist festgenommen und erkennungsdienstlich behandelt worden, man darf das nicht unterschätzen, das hat eine unmittelbare

Wirkung, so schnell nach der Tat. Und unterschätzen Sie auch die sechs Wochen Haft nicht. Wenn man so von der Straße weggefangen und für geraume Zeit eingesperrt wird, lassen Sie sich das doch bitte mal durch den Kopf gehen.«

»Also ich«, meldet sich überraschend Frau Schnabl zu Wort, die das Ende immer mehr herbeisehnt, »ich finde auch, daß das mit der Arbeit reicht. Man könnte ja eine schwere Arbeit nehmen ...«

»Steinbruch?«

»Herr Richter, Sie wissen schon, wie ich das meine, es sollte jedenfalls nichts sein, das ...«

»Also Sie wollen, daß er nicht als Nachtwächter eingesetzt wird oder als Gogotänzer. Verstehe. Wir legen die Verantwortung dafür, eine bestimmte Arbeitsleistung auszuwählen, in die Hand der Jugendgerichtshilfe, wir können uns hier nicht noch um die Ausführung kümmern. Aber ich lasse mit mir über die Anzahl der Stunden reden.«

»Stunden? Ich hatte eigentlich an Monate gedacht«, wirft Herr Reckethun ein.

»Es geht nicht um Zwangsarbeit. Wir sind auch keine Arbeitsvermittlung.«

Herr Reckethun ist nicht zufrieden, aber murrend gibt er nach.

»Alea iacta est – die Würfel sind gefallen«, sagt Richter Stoltze. Dann bittet er die Protokollantin herein, um ihr das Urteil in die Schreibmaschine zu diktieren.

IN DER ZWISCHENZEIT ist der Staatsanwalt an seinem Tisch sitzengeblieben, ebenso die Protokollantin, mit einem neuen Zwieback. Der Sozialarbeiter hat seine Akten eingepackt und ist gegangen.

Savio steht mit Frau Sperling auf dem Flur neben dem Tisch mit der Keksdose. Schnell hintereinander raucht er zwei Zigaretten, die ihm seine Anwältin spendiert hat.

»Der Antrag des Staatsanwaltes ist völlig überzogen, damit kommt er nicht durch. Das können Sie mir glauben«, sagt Frau Sperling.

Savio ist mißtrauisch. Und dann auch wieder nicht. Schließlich hat sie ihn aus dem Knast geholt.

»Was machen Sie denn nun nach der Verhandlung?«

»Weiß nicht, erst mal das Urteil abwarten. Dann zu Kumpels, vielleicht.«

»Ich meine nicht heute«, Frau Sperling lächelt. »Überhaupt, haben Sie schon was in Aussicht? Beruflich?«

»Nee, ist schwierig.«

»Hm.« Auch sie zündet sich eine zweite Zigarette an.

»IM NAMEN DES VOLKES ergeht folgendes Urteil: Savio Kuszcz ist der räuberischen Erpressung in Tateinheit mit Körperverletzung schuldig und wird zur Ableistung von Freizeitarbeiten verurteilt. Ich bitte Platz zu nehmen für die Begründung.«

Savio ist erleichtert, als er sich setzt. Er merkt nicht, daß die Anwältin kurz auf seine Schulter tippt. Guckt zum Fenster. Mann, denkt er, draußen scheint die Sonne.

Der Vorsitzende gibt den Abend der Tat in Kurzfassung wieder, und zwar in einer Variante, die das Gericht für glaubhaft hält. Die Pistole taucht darin nicht auf, denn, führt Richter Stoltze aus, das Gericht dürfe keine, wie es der Bundesgerichtshof immer wieder formuliere, keine vernünftigen, keine berechtigten Zweifel haben. Hier blieben aber Zweifel, ob eine Waffe tatsächlich zur Anwendung gekommen sei. Man habe in der Beweisaufnahme nicht genug Anhaltspunkte dafür finden können, so daß sich eine diesbezügliche Verurteilung verbiete.

»Savio Kuszcz«, sagt der Richter dann in strengem Ton von seinem Podest herunter, »Sie haben sich einer Straftat schuldig gemacht, für die Sie eingedenk Ihres unauffälligen Vorlebens vom Gericht mit Milde behandelt worden sind. Das Gericht hätte Ihr Tun auch anders werten können, aber es hat alle Argumente zu Ihren Gunsten in die Waagschale geworfen. Ob sich diese Gutmütigkeit, die Sie hier erfahren, auszahlen wird, liegt bei Ihnen. Sollten Sie sich noch einmal etwas zuschulden kommen lassen, könnten Sie mit dieser Nachsicht nicht mehr rechnen. Erstens sind Sie bald zu alt, um jugendstrafrechtliche Bestimmungen nutznießen zu können, zweitens müssen Sie sich als vorbestraft betrachten, sobald das heute gesprochene Urteil Rechtskraft hat. Kümmern Sie sich deshalb um eine Lehrstelle. Ändern Sie Ihren Lebenswandel. Für jeden von uns gibt es so etwas wie Allgemeine Geschäftsbedingungen, auch Sie müssen sich daran halten.«

Richter Stoltze lehnt sich zurück, schaut prüfend in die Runde. Er räuspert sich.

»Herr Kuszcz«, sagt er schließlich, »die Arbeitsauflage ist binnen vier Wochen, nachdem das Urteil rechtskräftig geworden ist, abzuleisten, andernfalls müssen Sie mit Erzwingungsmaßnahmen rechnen. Ihre Anwältin wird Sie sicher darüber informieren, was das ist.« Er runzelt die Stirn. »Außerdem ist es meine Pflicht, Sie auf folgendes hinzuweisen: Binnen einer Woche können Sie gegen das Urteil Berufung oder Revision einlegen, schriftlich oder zu Protokoll in der Geschäftsstelle. Auch das wird Ihnen die Verteidigerin erklären. Legen Sie Berufung ein, wird vor dem Landgericht neu verhandelt, beantragen Sie eine Revision, prüft das Kammergericht, ob es hier Rechtsfehler gegeben hat.« Richter Stoltze schlägt die Akte zu.

Frau Sperling, die bereits mit Savio getuschelt hat, sagt schnell: »Wir sind uns einig. Wir nehmen das Urteil an.«

»Wenn das so ist«, sagt Richter Stoltze wieder zu Savio, »können Sie ja unmittelbar mit den Freizeitarbeiten beginnen, vorausgesetzt, der Herr Staatsanwalt ...«

Der Staatsanwalt schüttelt den Kopf: »Ich muß das erst mit meinem Vorgesetzten besprechen. Sie wissen ja, der Oberstaatsanwalt möchte die Urteilsbegründung lesen, wenn das Urteil so stark von unserem Antrag abweicht.«

»So«, sagt der Richter und steht auf, »dann sind wir fertig, die Verhandlung ist geschlossen. Auf Wiedersehen.«

5. KAPITEL

Sammeltransport. Savio folgt dem Polizisten mit den anderen Gefangenen durch einen Korridor. Sie kommen in eine kreisrunde Halle. Sein Blick wird hochgezogen in eine gläserne Kuppel. Von den umlaufenden Balustraden gehen die Gänge mit den Zellen ab, dicht an dicht. Sie müssen winzig sein. Das Ende der Gänge verliert sich, reihum und in vier Etagen. Über der ersten ist ein großes Netz gespannt: Lebensmüde fangen. Die Treppen, die Geländer, die umlaufenden Gänge, die Kuppel – alles aus eisernen Streben, Pfeilern, Stangen, Maschen. Ein Skelett im feisten Backsteinleib. Savio schaut noch mal nach oben, dann senkt er den Blick. Unten steht ein Glaskasten, von dem aus alles gesteuert wird, Beamte sitzen an Tafeln mit Knöpfen und Telefonen. Kleine Gruppen von Gefangenen werden von Uniformierten durch die Halle geführt. Manche in blauen Hosen und blau-weiß gestreiften Hemden, Putzgerät in den Händen. In Zivil gekleidete Angestellte, Männer und Frauen, Akten in den Händen, gehen herum, stehen zusammen, laufen weiter. Einige Herren tragen weiße Krawatten. Savio kennt sie, die Rechtsanwälte. Das Klirren vieler Schlüssel schwillt an und ab. Immer wieder summt eine elektrisch bediente Tür, wird aufgedrückt und fällt scheppernd in den Rahmen zurück. Geräuschvoll ergeht sich die Gerechtigkeit.

Kurz darauf sitzen sie in der Zugangszelle der Untersuchungshaftanstalt Berlin-Moabit beieinander: ein Junkie, der ersten Entzugserscheinungen ausgeliefert ist, wirres Haar, rote Augen, Schüttelfrost, sabbernder Mund; ein Kaufmann, in feines Tuch gekleidet, sehr nervös; zwei Kolumbianer und zwei Portugiesen, die kaum ein Wort Deutsch verstehen; ein großer dünner, fahrig in seinen Papieren wühlender Mann mit rötlichen Locken, die auf dem Hinterkopf zerdrückt sind wie ein geplündertes Vogelnest; ein alter Mann, der sich auf die Bank gelegt hat; ein junger Araber, schluchzend, den Kopf in die Hände gestützt; und Savio.

Der Kaufmann rutscht auf der Bank herum, schlägt die Beine übereinander, das linke oben, das rechte oben, dann wieder beide nebeneinander, er steht auf, geht hin und her, guckt auf die Uhr, tastet den Mantel ab. Schließlich ist er mit drei Schritten an der Tür und hebt die Hand mit gekrümmten Fingern.

Frau Sandmann ist auf dem Weg zur Zugangszelle. Da klopft schon wieder einer, der noch nicht weiß, wieviel Zeit er auf einmal hat. Frau Sandmann hat Spätdienst und muß, bevor sie nach Hause geht, den eben noch von der Polizei gebrachten Schwung Gefangener aufsuchen. Sie langt in die Akte und geht die Aufnahmebögen durch. Ein Obdachloser mit Kaufhausdiebstahl, Achtung Drogen. Ein Kaufmann, auf dem Flughafen verhaftet, wollte nach Argentinien, hat Fördermittel der Europäischen Union auf sein Schweizer Konto abgezweigt. Poch-poch-poch an der Tür. Zwei Kolumbianer, Kondome mit Koks im Magen. Zwei Portugiesen wegen Schwarzarbeit. Ein Mann im Verdacht, einen Jungen sexuell mißbraucht zu haben. Ein Rentner, der zwei Polizisten mit der Krücke verdreschen wollte. Ein Araber, Mord und Mordversuch, erst einundzwanzig, hat den Geliebten seiner Frau erstochen und sie fast mit. Ein ... Wumm-wumm-wumm. Die Zellentür erzittert unter Faustschlägen.

»Günter, kommst du mal bitte?« Frau Sandmann will jetzt nicht alleine aufschließen. Sie klappt die Akte zu.

Ein breitschultriger Beamter schiebt sich aus dem Büro gegenüber. »Die können wohl nicht schnell genug in ihren Zellen sein«, brummt er, greift nach dem Schlüsselbund im Gürtel und öffnet mit einem Ruck die Stahltür. »Was?« brüllt er.

Der Kaufmann schreckt zurück, faßt sich und sagt bestimmt: »Hören Sie, ich muß dringend telefonieren und meine Frau und vor allem Rechtsanwalt Herrn Dr. von Freundorf verständigen.«

»Deshalb müssen Sie nicht das Haus zusammenkloppen, Mann! Kollegin ist doch schon da.«

»Danke, Günter.«

Der Große geht wieder. Frau Sandmann bittet den Kaufmann heraus.

»Sandmann«, stellt sie sich vor. »Ich bin vom Sozialdienst. Und wer sind Sie?«

»Breuer mein Name. Also zuerst brauche ich die beiden Telefonate.«

»Das können wir später erledigen. Ich muß Ihnen zuvor ein paar Fragen stellen. Waren Sie schon einmal inhaftiert?«

»Ich muß doch sehr bitten! Das ist ja empörend. Und was heißt hier später erledigen?«

Frau Sandmann hebt den Blick von ihrem Fragebogen und guckt, als erwache sie aus einem dienstlichen Traum.

»Ich muß Ihnen diese Fragen stellen und bitte Sie zu antworten. Ich habe mir diese Fragen nicht ausgedacht, Herr Breuer. Also?«

»Nein, natürlich nicht.«

»Sind Sie krank, oder leiden Sie an Alkoholentzug, Drogenentzug oder Klaustrophobie, oder haben Sie Probleme mit Medikamenten?«

»Nein.«

»Ist Ihre Ehefrau bereits über Ihre Inhaftierung informiert?«

»Ja, der Haftrichter hat mich telefonieren lassen, aber ich muß sie dringend noch einmal sprechen.«

»Hm. Haben Sie eine eigene Wohnung?«

»Selbstverständlich.«

»Wer zahlt die Miete dafür? Wollen Sie einen Antrag auf Mietübernahme durch das Sozialamt stellen?«

»Die Miete wird abgebucht. Aber wenn das Sozialamt die Kosten übernimmt ... Das ist doch alles völlig absurd! Ich weiß ja nicht mal, weshalb ich hier bin. Ich möchte bei der Gelegenheit gleich Haftentschädigung beantragen.«

»Dafür bin ich nicht zuständig, und wenn die Miete abgebucht wird, dann ist ja wohl Geld genug vorhanden. Das Sozialamt übernimmt die Kosten nur, wenn die Wohnung gefährdet ist und Sie in absehbarer Zeit aus der Haft entlassen werden.« Frau Sandmann hat Herrn Breuer in den dienstlichen Traum integriert, sein Protest klingt ihr im Ohr wie dem Hirten das Meckern seiner Schafe.

»Ja, natürlich werde ich bald entlassen. Wenn ich meinen Anwalt anrufen dürfte – er wird das sofort veranlassen.«

»Immer mit der Ruhe. Ein Hausbesuch ist demzufolge nicht nötig. Sonst noch Fragen? Sie werden jetzt dem Aufnahmeverfahren unterzogen und dann in eine Zelle gebracht. Ihr zuständiger Sozialarbeiter wird sich bei Ihnen melden.«

»Ich muß auf eine Einzelzelle bestehen. Auf keinen Fall möchte ich mit diesen kriminellen Subjekten hier zusammengesperrt werden. Aber zuerst einmal das Telefonat.«

»Das kann ich Ihnen nicht ermöglichen, bitte wenden Sie sich morgen an Ihren Sozialarbeiter. Schreiben Sie einen Vormelder, was das ist, erklären Ihnen die Beamten.«

»Morgen? Das kann ja wohl nicht wahr sein! Ich muß Herrn Dr. von Freundorf sofort über meine Lage verständigen.«

»Vielleicht hat sich Ihre Frau längst darum gekümmert, bitte gehen Sie jetzt zurück in die Zelle.«

Frau Sandmann steht mit dem Schlüssel im Schloß an der geöffneten Zellentür. Kaum hat der erregte Kaufmann wieder die Zelle betreten, ruft sie einen anderen heraus. Bevor sie mit ihm spricht, kreuzt sie auf dem Formular zum sogenannten Zugangsgespräch zwei Kästchen an. Aus der Palette von »zurückhaltend, ruhig, sachlich, ausgeglichen, einordnungsbereit, unruhig/nervös, labil, depressiv, desorientiert, verstockt, aggressiv, gewalttätig« wählt sie »unruhig/nervös«. In der Zeile darunter kann sie sich zwischen zwei Sätzen entscheiden: »Der Gefangene äußerte im Gespräch Suizidgedanken!« und »Keine suizidalen Hinweise im Gespräch erkennbar.« Sie kreuzt den zweiten an.

Währenddessen hat sich einer der Portugiesen vor sie hingestellt und betrachtet sie besorgt. Er kann »guten Tag« sagen und einige Wörter wie »Meister« oder »6 Uhr«, außerdem ein paar technische Begriffe von der Baustelle, aber das ist es dann auch schon. »Der Inhaftierte beherrscht die deutsche Sprache: Nein.« Frau Sandmann macht ein Kreuz. Ein Sprachmittler ist nicht zugegen, die Spanisch-Frau hat heute frei, morgen wieder. Frau Sandmann schreit den Portugiesen an, fuchtelt dabei ein bißchen mit dem Kugelschreiber: »Morgen. Morgen Dolmetscher. Ja. Morgen kommt der Dolmetscher, wieder in Zelle gehen. Gehen Sie.«

Während Frau Sandmann ihre sozialdienstlichen Aufgaben erledigt, kümmern sich andere Beamte um Verwaltung und Sicherheit. Savio wird in ein Zimmerchen gebeten, in dem er hinter einer Brüstung stehenbleibt. Er soll darauf seine Taschen entleeren. Seine Armbanduhr wird registriert, damit er sich nachher nicht beschweren kann, im staatlichen Institut sei ihm ein Wertgegenstand abhanden gekommen. Der Abdruck seines Zeigefingers wird elektronisch erfaßt.

Auf der gegenüberliegenden Seite des Ganges geht eine Tür auf.

»Herr Kuszcz!« Ein weißgekleideter Mann winkt. Ein anderer steht drinnen und wartet. Beide tragen Gummihandschuhe. Die Tür hat außen keine Klinke, sie knallt hinter Savio zu. Er muß sich ausziehen und alles auf einen Tisch legen. Der eine der beiden Männer durchsucht die Sachen, tastet auch Nähte ab.

»Und die Schuhe auf den Tisch!«

Der andere baut sich vor ihm auf und guckt ihm ins Gesicht.

»Nun mal die Luke auf!«

Savio reißt den Mund auf, muß sich durch die Haare gehen lassen, sich umdrehen und sich vorbeugen. Dann darf er sich wieder ankleiden.

Vor der Tür wird er einem Beamten in Justizuniform

übergeben, der ihm vorausgeht: unter die Kuppel, in die erste Etage, in einen der Gänge. Er schließt die Gittertür zum Gang auf, sie fällt hinter Savio wieder ins Schloß, scheppert nach. Der Beamte schiebt ihn in eine Zelle und schließt zu. »Um zehn geht das Licht aus, nur damit Sie's wissen, Nachtruhe«, sagt er.

Unten klappert Frau Sandmann gerade in ihr Büro, wo sie ihre Akten wegsperrt und sich den Mantel überzieht. Es ist zwanzig Uhr, Feierabend für den Spätdienst. Im Gehen wirft sie noch einen Blick ins Aufnahmezimmer.

»Was war eigentlich mit dem Jungschen, dem Kustschz oder wie auch immer, hat der was gewollt?«

»Nee, ein ganz ruhiger Kandidat. Den kannste dir auch noch morgen vorknöpfen.«

»Ist nicht meiner, K hat Gisela. Aber sag mal, was steht denn im Haftbefehl?«

Der Kollege kramt in seinem Zugangsordner. »Hier haben wir ihn. So. Hausnummer? Zwodreiundzwanzig, zwovierundzwanzig und BtmG«, er läßt den Ordner zufallen, »Körperverletzung und Haschisch, also keine Panik auf der Titanic, Mädchen.«

MEIN DANK gebührt Max Goldt für großherzige Beratung, für zwei Namen, für den Titel, fürs Röteln im Manuskript und die Musik. Dank Gustav Seibt für Ermutigung, kostbare Belehrung und kritische Erstlektüre, es wäre so viel schwerer gewesen ohne das. E adesso ci facciamo una bella tazza di tè. Dank meiner Mutter fürs erste private Lektorat und das Aufspüren der Klöpse, hui! Dank meinem scharfsichtigen Vater für private Redaktion – wo stünde ich überhaupt ohne meine Eltern! Dank der Berliner Polizei für die Erlaubnis zur Hospitation und die schönen (und echten) Fahrten mit Blaulicht, die mir nebenbei einen Kindheitstraum verwirklichten, spezieller Dank den Kriminalisten Daniela und Lars. Wärmster Dank Katharina Rutschky für Freundschaft und Hilfe in den letzten zwölf Jahren. Qu'est-ce qu'on joue au cinéma ce soir? Dank Helga Pahl für den Einstieg in die Sozialarbeit; Dank Stephan Speicher und den Kulturkollegen der Berliner Zeitung für die gemeinsame Arbeit plus Spaßfaktor; Dank den Redakteuren Michael Rutschky (Der Alltag), Stefanie Holzer (Gegenwart) und Jutta Stössinger (Frankfurter Rundschau) für die Starthilfe damals; Dank Maja Wiens für die Hilfe mit dem Computer. Riesiger Dank Ulrike Schieder für das energische und emsige Klopfen mit dem Hämmerchen, soll heißen das großartige Lektorat, bei dem ich so viel lernen durfte. Und ewiger Dank Alexander Fest, ohne den es das Buch nicht gäbe. You found the magic! Und ja, bald backe ich wieder Kekse. SPECIAL THANKS: Barbara, Jakob, Katrin, Lars – Thanks for your inspiration. Margrit – Thanks for your critique. Teresa – Thanks for New Zealand. Joerg – Thanks for your patience and ingenuity in our lessons during the writing, and thanks for the tea. THANKS to all the producers I worked with. Haare: Berber Yavuz und Salon Tolga, Kottbusser Straße, Orient Bazar. Veloziped: Fahrrad-Linke, Kastanienallee. Just in case I forgot anyone – May God keep you and bless you.

Umschlaggestaltung: Ott + Stein, Berlin
Umschlagreproduktion: Mega-Satz-Service, Berlin
Buchgestaltung: ⓢ sans serif, Berlin
Satz: Greiner & Reichel, Köln
Gesetzt aus der DTL Documenta
Druck und Bindung: Clausen & Bosse, Leck
Printed in Germany 2002
ISBN 3-8286-0102-2